Stripperens lille håndbog

Lars Rex Mundi

Stripperens lille håndbog

Et frisk pust til dit parforhold

FSC
www.fsc.org
MIX
Papir fra ansvarlige kilder
Paper from responsible sources
FSC® C105338

Forlag: Books on Demand GmbH, København, Danmark
Fremstilling: Books on Demand GmbH, Norderstedt, Tyskland
Bogen er fremstillet efter on-Demand-proces

ISBN 978-87-7145-941-8

Indhold

Forord

Denne lille bog er ment som et frisk pust til dig, som synes, dit parforhold skal have lidt ekstra, eller at en af dine veninder skal have en sjov oplevelse. Men hvis det er en veninde, så husk, at hun har sine grænser, og dem skal du respektere, lige så vel som hun skal respektere dine. Men når dette er sagt, så god lyst med det! Husk, alle elsker overraskelser her i livet. Om vi er mænd eller kvinder, så nyder vi, at andre har tænkt på os og sat os i centrum. Det er på samme måde med at strippe; det gælder om at sørge for, at den person som du har udvalgt, får en oplevelse. De vil elske, at der bliver gjort lidt for dem, og at du er den person, som giver dem denne oplevelse.

Mit ønske med denne bog er ikke, at du efter at have læst den skal kaste dig ud i at blive stripper og have det som erhverv. Men at give dig en mulighed for at gøre lidt ekstra for dit parforhold og opleve at være stjerne for en aften med den magi, som følger med.

Jeg har selv været stripper og gjort mig i denne verden i 6 år hos en del forskellige firmaer både herhjemme og i Sverige. Jeg har mange oplevelser fra den tid, som jeg indimellem kommer til at tænke over, og som får et smil frem i mit sind. Jeg vil senere i bogen fortælle lidt fra den tid og dele nogle af de oplevelser, man kan få.

Jeg håber, du må få lidt glæde af det, du læser, og kunne bruge det til noget i dit liv, og jeg håber også, at du kan give lidt livsglæde til den partner, du har. Jeg håber, du tager dette som et frisk input. Og ja, det kan jo godt være, du finder ud af noget andet, når du har læst dette, men herfra skal det lyde: God læselyst!

Karen West

Kapitel 1
Hvordan kommer jeg i gang?

Der er altid et stort spring fra tanken om at blive stripper til at stå i den situation, hvor man faktisk gør det. For der er ikke en nem måde at når derhen på, men jeg vil nu alligevel se, om jeg ikke kan gøre det muligt for dig at nå dertil, hvor du tager springet ud i det. Ja, for det er lettere sagt end gjort. Men sådan er det jo med alt her i livet, og meget ofte vil vi gerne som mennesker have det hele givet uden at skulle arbejde for det. Hvor ville det være rart på alle måder, hvis det var sådan. Men igen, virkeligheden er nogle gange lidt hård, og derfor opgiver så mange af os, inden vi er kommet i gang med det, som vi gerne ville til at starte med.

Ofte er den største forhindring, der møder os som mennesker, den indre stemme, som altid fortæller os noget negativt, eller på anden måde får os som den person, vi er, til at opgive det, vi havde i tankerne. Det kan være en tanke som, at vi er for tykke, eller ikke er veltrænede nok, eller ikke har den rigtige form til at kunne komme i gang med at strippe. Men det er ikke kun på dette punkt, at den indre stemme får os til at opgive det ønske, vi har. Det kunne være et ønske om at invitere en person ud, hvor frygten kommer ind over, og den indre stemme spiller ind og får os til at opgive vort ønske.

Jeg vil prøve at give dig nogle tips og nogle teknikker, som måske kan hjælpe dig til at komme videre og komme i gang inden for dette område. Men også på andre område her i livet kan du bruge dem, for de er ikke kun gældende på dette område, og de er heller ikke kun tiltænkt det. Hvis du kan bruge dem på andre områder i dit liv, så bliver jeg bare glad, for der er ikke noget bedre end mennesker, der har succes i deres liv, og det kan give mig en indre glæde at høre eller opleve, at det lykkes for nogle mennesker at få succes.

Som Sun Tzu nævner i sin bog Krigskunsten, eller på engelsk The Art of War, så er den værste modstander din indre fjende, som kan knække dig til hver en tid, og som ofte holder dig tilbage fra at gå ud og gøre noget. Hvor tit har jeg ikke hørt folk sige, at hvis det ikke lige var for dette, så ville de gøre det og det, eller en anden form for undskyldning, som holder folk tilbage fra at gribe en oplevelse eller en mulighed for at få succes i deres liv. Og ja, jeg synes, du fortjener at få det bedste i livet. Men husk, jeg kan ikke gøre det for dig. Du er selv nødt til at gå de skridt i den retning og tage de udfordringer op, som du måtte møde på vejen.

Det handler nemlig også om at se på, hvilke udfordringer der måtte være i dit liv i forhold til den opgave, du skal løse, eller det ønske, du gerne vil have opfyldt. For ja, det er altid rarere at være i mål end at være derude for at kæmpe den kamp, det en gang imellem er, og det gælder på alle planer her i livet. Hvis alt var så let, ville vi alle have succes i livet. Men det er det bare ikke, og man er ofte nødt til at kæmpe nogle kampe og vælge de rigtig teknikker for at kunne komme i mål og opnå det, man ønsker.

Men jeg vil prøve at give dig en af de mange teknikker, som findes ude på markedet, for der er en del. Den, som jeg nævner her, er en af dem, jeg har brugt, og som jeg finder temmelig nem og hurtig at gøre brug af. Meget ofte sker der nemlig det, at hjernen griber ind og sætter en masse tanker i gang. Derved kommer den ofte – men ikke altid – til at styre nogle af de ting, som spiller ind i vort liv, og dette giver ofte et negativt udfald. Dermed være ikke sagt, at det altid sker, men utrolig mange gange spiller hjernen ind på en negativ måde og påvirker os som de personer, vi er.

Vi skal huske, at hjernen er en fantastisk ting; den har bare en del negative sider også, og en af dem er en evne til at danne sine egne opfattelser og få os til at opgive ønsker, vi måtte have om ting, som vi synes det kunne være rart at have i vores liv. Men jeg må hellere komme frem til den teknik, som kan bruges, og som jeg selv har brugt. Når ens hjerne begynder at opstille et skrækscenarie og får en til at give op, er det vigtigt, at man stopper op og tager den dialog med hjernen. For den har en evne til at styre ens handlinger, hvis man kommer i en situation, som er ubehagelig for en, og som ikke er kendt for ens system.

Men her skal jeg komme ind på en teknik, som jeg har brugt på forskellige tidspunkter i mit liv, når hjernen begyndte at gribe ind med sin frygt, som meget ofte får os til opgive vores forehavende. Men nu må jeg vist hellere komme med den: Når hjernen kommer med sit indgreb i den situation, du står i, skal du tage en dialog med den indre stemme og sige, at hvis det er det værste, der kan ske, er det så egentlig så slemt? I starten er det altid svært, men når man har prøvet det et par gange, begynder det at virke, og pludselig begynder man at slappe af i kroppen og bliver mere klar, fordi ens hjerne har accepteret det, man står midt i. Ja, hvad er det værste, der kunne ske, hvis du f.eks. skulle strippe? At din kæreste måske ikke synes, at du lever op til hendes forventninger? Men er du nu sikker på, at hun ikke bare synes, du er den dejligste, fordi du giver hende denne oplevelse? Husk, at nogle gange skal der meget små ting til for at skabe denne forandring.

Kapitel 2
Brug for en fantasi?

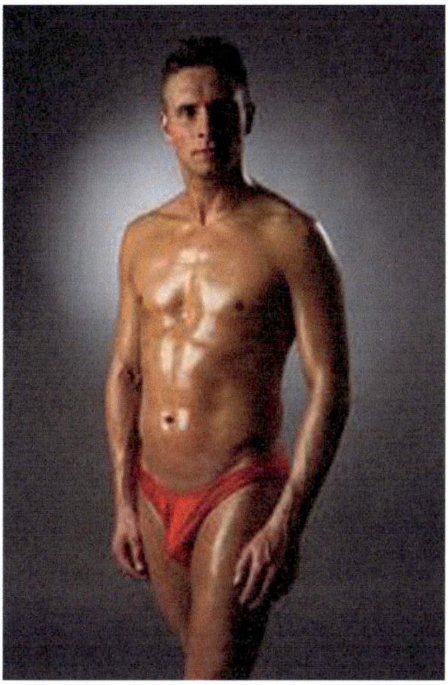

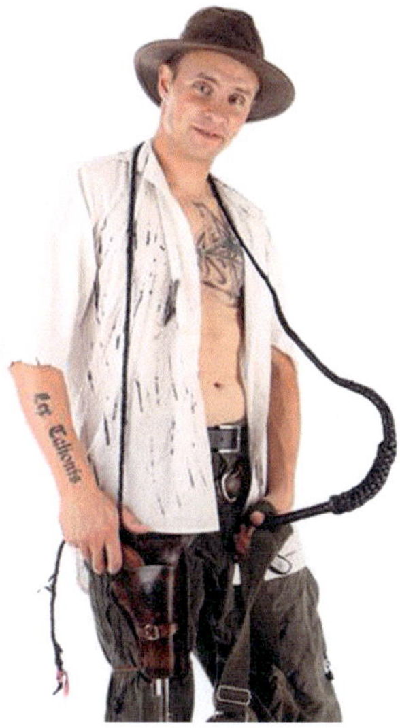

Fantasi har altid spillet en vigtig rolle hos os mennesker igennem hele livet. Det er ikke kun, når det handler om et stripshow, men faktisk på alle livets områder. Hvem kan ikke huske sin ungdoms kærlighed, som man havde en masse fantasier om, og som fyldte ens sind med glæde og lyst til at opleve den person, som gjorde ens liv helt specielt og unikt?

På samme måde er det med et stripshow. Du er nødt til at finde ud af, hvilke fantasier din partner har på dette område, og hvad vedkommende tænder på. For vi har alle nogle fantasier, som kan få os til at føle os i live, og som vi gerne vil opleve.

Det ville jo være bedre, hvis den fantasi, man havde, pludselig blev til virkelighed, og man fik en oplevelse. For nogle af de fantasier, som man har fået udlevet, kan man stadig huske mange år efter, og de kan stadig bringe glæde frem i ens sind. Så man skal ikke holde sig tilbage med at få gjort dem til virkelighed.

Husk at smile og bruge det som et magisk våben, når du laver dit show. Ja, det er svært at smile, men her vil jeg give dig et lille råd, som hjalp mig, da jeg selv var stripper. Når man smiler og er glad, kommer det også til udtryk igennem ens øjne, og ja, det er svært at ændre sin holdning, hvis man det meste af livet har haft en opfattelse af sig selv som mindre attraktiv, ucharmerende og mindre smuk. Jeg vil give dig dette råd, og det virker og har en stor virkning, om du skal strippe eller bare være blandt andre mennesker.

Det er altid svært at komme til at smile, hvis det ikke er noget, man har gjort særlig meget, og smilet kommer ofte indefra, så nu får du en af mine hemmeligheder, som jeg har brugt i mange år og med stor succes. Du skal finde noget, som kan få dig til at blive glad, og her kan en fræk fantasi være guld værd. Jeg ved ikke, hvad din fantasi er, og jeg er også ligeglad, men du skal bruge din fantasi her, hvad den end måtte være, og denne tanke skal du bruge, når du møder andre mennesker, og du skal også bruge den i dit stripshow som det hemmelige våben, som kan gøre en stor forskel.

Det er altid svært at skulle starte på noget nyt, men det kan lykkes, hvis man sætte sig det for. Hvis man arbejder med det, skal man nok komme langt, og ja, det kommer til at tage lidt tid og en del af ens energi. Men det er nu alligevel værd at bruge lidt tid på dette, og husk, det kan jo være, du får en oplevelse bagefter, som du aldrig glemmer. Men igen, husk, at det også skal være sjovt bare at gøre det.

Når du skal i gang på dette område og skal finde ud af, hvilke fantasier din partner har, er der mange steder, du kunne kigge efter dette. Bare for at nævne nogle få så kunne du tage et kig på de film, som hun vælger at se, for der er næsten altid en drømmefyr, som har noget bestemt tøj på. Eller du kunne kigge på nogle af de mange magasiner, som er tiltænkt kvinder; der er næsten altid billeder i disse magasiner. Men du kan jo også vælge at spørge den, du har kær, om, hvilke fantasier hun har, så du har lidt at arbejde med, men også så du ved, i hvilken retning dit show skal gå, hvad du skal bruge din tid på, og hvor du skal lægge din energi.

Der er mange måder at få sin partner til at afsløre sine fantasier på, og vi har alle nogle fantasier, som vi godt kunne tænke os at få udlevet. Der kan være flere forskellige grunde til, at man ikke har fået gjort dette eller fået fortalt om sin fantasi, og hvad der er grunden til dette, ja, det er jo et godt spørgsmål. Men hvis man vælger at være åben omkring dette og er indstillet på at finde ud af, hvad denne fantasi er, kan det blive til glæde for begge parter.

Hvis du ikke har fundet ud af, hvad din partners fantasi er, vil jeg her komme med nogle forskellige eksempler på fantasier, som jeg har oplevet, at kvinder har, som de på den ene eller den anden måde finder frække, og som de tænder på. Der er politimænd og brandmænd, men også officerer, gerne i hvid uniform, har en magisk virkning på en del kvinder. Så hvis du ikke har været heldig på det punkt, så kunne du starte her og så køre videre ud ad det spor.

Jeg vil anbefale, at du læser lidt om den gruppe, du har valgt, så du ved lidt mere om, hvilken type de er. Det er ikke strengt nødvendigt, men alligevel kunne det jo være lidt sjovt, hvis du havde gjort lidt arbejde inde for dette felt. F.eks. hvad har de af arbejdsredskaber? Hvis det er en brandmand, har han f.eks. en økse, og han har også støvler, bare for at nævne nogle af de ting, som hører med til at være brandmand.

Når du har fundet ud af, hvilken fantasi du vil bruge – det kan være lige meget hvilken, men lad os sige, at det er en brandmand, du vælger – så er det vigtigt, at du finder alle de ting, der hænger sammen med en brandmand, og du må gerne bruge myten om dette erhverv i dit stripshow. Du skal også finde ud af, hvilke rekvisitter der kunne tænkes at skulle bruges, foruden det løse såsom olie og andre ting, som du skal bruge i dit show. Der er mange valgmuligheder på dette punkt, og det er kun fantasien, der sætter grænser.

Du skal også huske en anden ting, som er vigtig, og den vil jeg lige nævne her, før jeg glemmer det. Husk det, når du laver dit show, men du kan også bruge det andre steder i livet. Du skal altid tænke på noget, du finder frækt. Det kunne være en fantasi, du engang udlevet, eller en person, du tænker noget frækt om, og som venter på dig et eller andet sted. Ved at du gøre dette kommer du til at smile og får det glimt i øjet, som nogle gange har evnen til at fremkalde det magiske øjeblik, som kan virke som en succes for den, som bruger det.

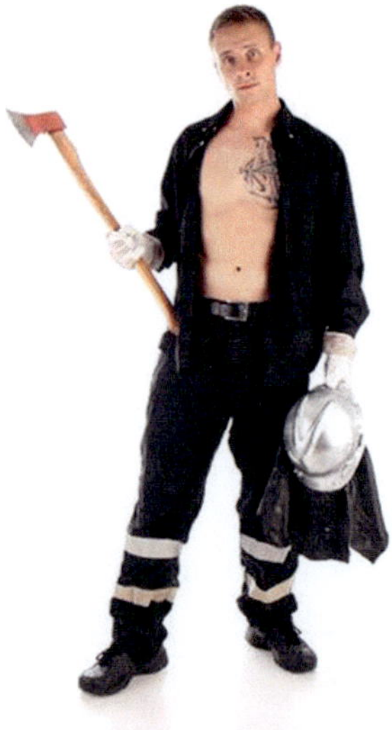

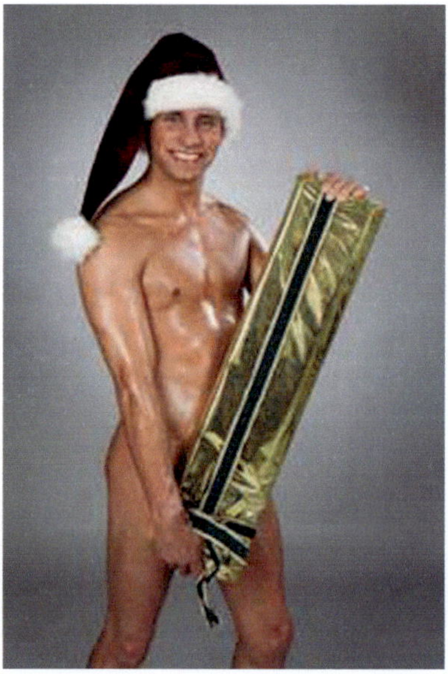

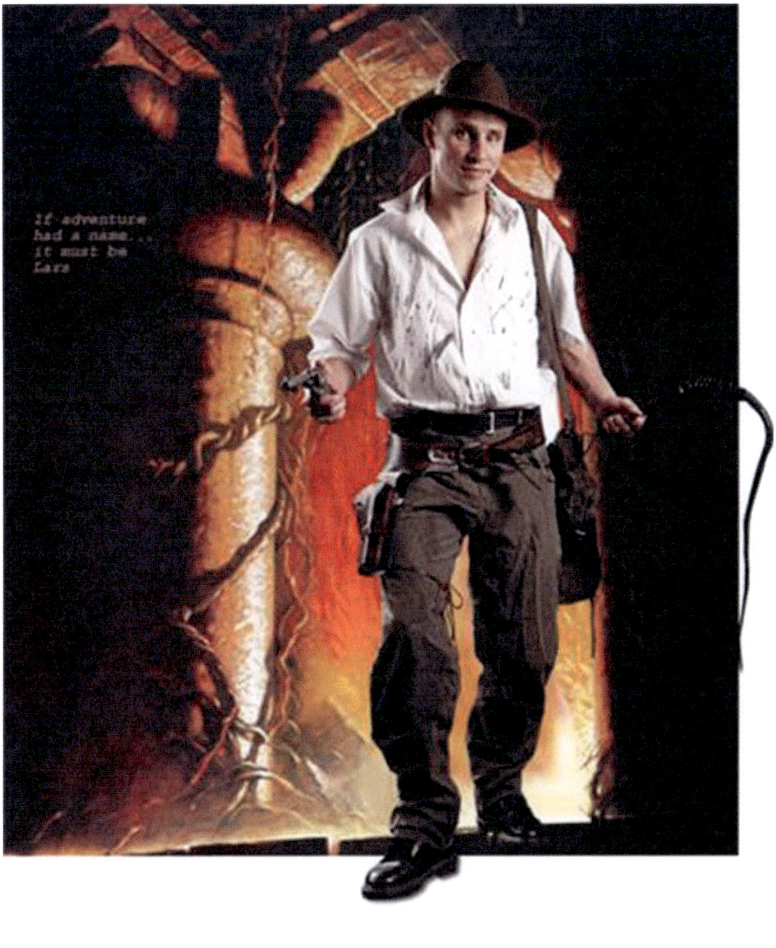
If adventure
had a name...
it must be
Lars

Kapitel 3
Rekvisitter og ting, som kan bruges i et stripshow

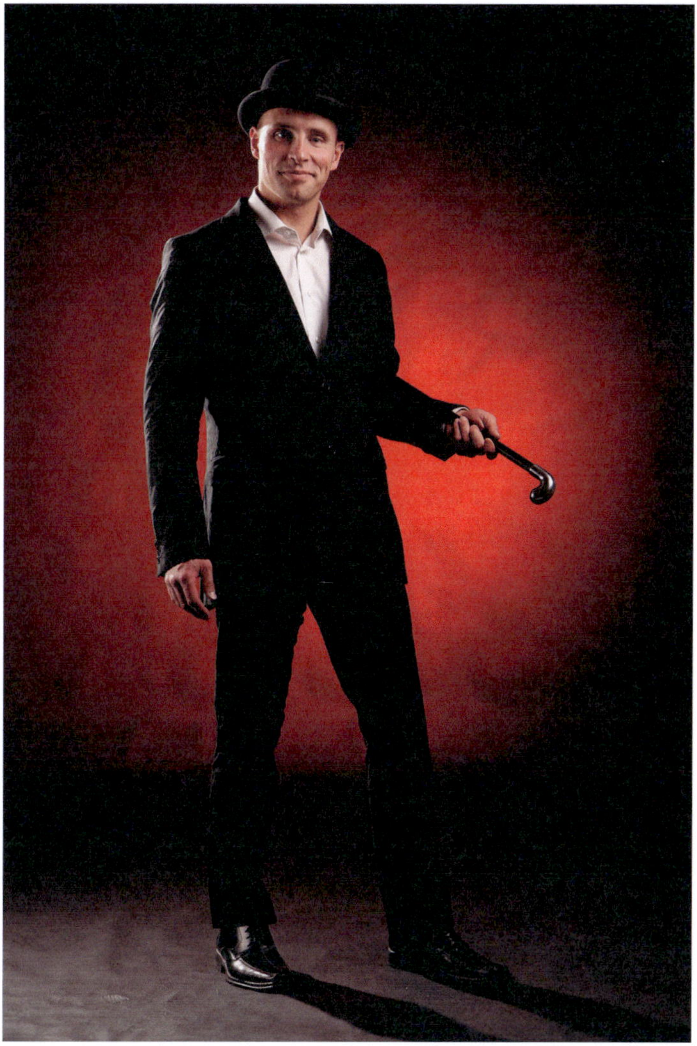

Der er mange ting, man kan bruge i sit stripshow, og det er faktisk kun fantasien, der sætter grænser for, hvad man kan bruge, og på hvilke måder det kan bruges over for den, man stripper over for. Men jeg vil gennemgå nogle af de mere normale rekvisitter, som man kan starte med at bruge, når man vælger at strippe, og vil komme ind på, hvordan man også kan bruge dem og i hvilke sammenhænge. Hvis du selv har nogle ideer, så bare kør på. Og husk, det er jo dit show, så du bestemmer, hvad det skal indeholde, hvordan det skal tage sig ud, og i hvilken retning det skal bevæge sig.

Faktisk kan du som nævnt bruge alt i et stripshow. Lige i begyndelsen kan det godt være svært at finde noget, men det kommer med tiden og med øvelsen. Ved at øve sig – og her mener jeg ikke kun én gang – kan man blive bedre på dette punkt, og det bliver nemmere at finde forskellige ting, som ikke lige var tænkt til at blive brugt i denne forbindelse. Man kommer nemlig til at tænke anderledes end før, og det er jo klart, at når man træder ind i et nyt område af sit liv – det kan være et arbejde, man ikke har prøvet før, eller et nyt parforhold – så vil man altid være lidt usikker i forhold til det nye.

Men i dette kapitel vil jeg gennemgå, hvad man kan bruge af forskellige rekvisitter, når man vælger at strippe, og hvordan de kan bruges, og med lidt fantasi fra din side skal det nok få en effekt, som vil vække glæde hos din partner og sikkert medføre en belønning til dig lidt senere. For det handler jo om at glæde hinanden i et forhold, og dette er kun en blandt mange måder at glæde sin partner på. Men jeg må hellere vende tilbage til, hvilke rekvisitter der kan bruges, og senere vil jeg komme ind på andre ting, du også kunne bruge og få lidt sjov ud af, så du kommer til at kunne begå dig som stripper.

Alle rekvisitter kan bruges i strip, selv om nogle ting er bedre på dette område end andre, men det finder man ud af. Det kommer også an på, hvilken type show du vil opbygge, og hvilke elementer det skal indeholde. Hvis det skal være et sjovt stripshow, kan man jo bruge musik, som ingen rigtig kan tage det seriøst at strippe til. Det kunne f.eks. være Kim Larsen, og ja, jeg har strippet til det, og det blev et meget underligt stripshow, men fik også nogle til at smile. Men det er en anden historie.

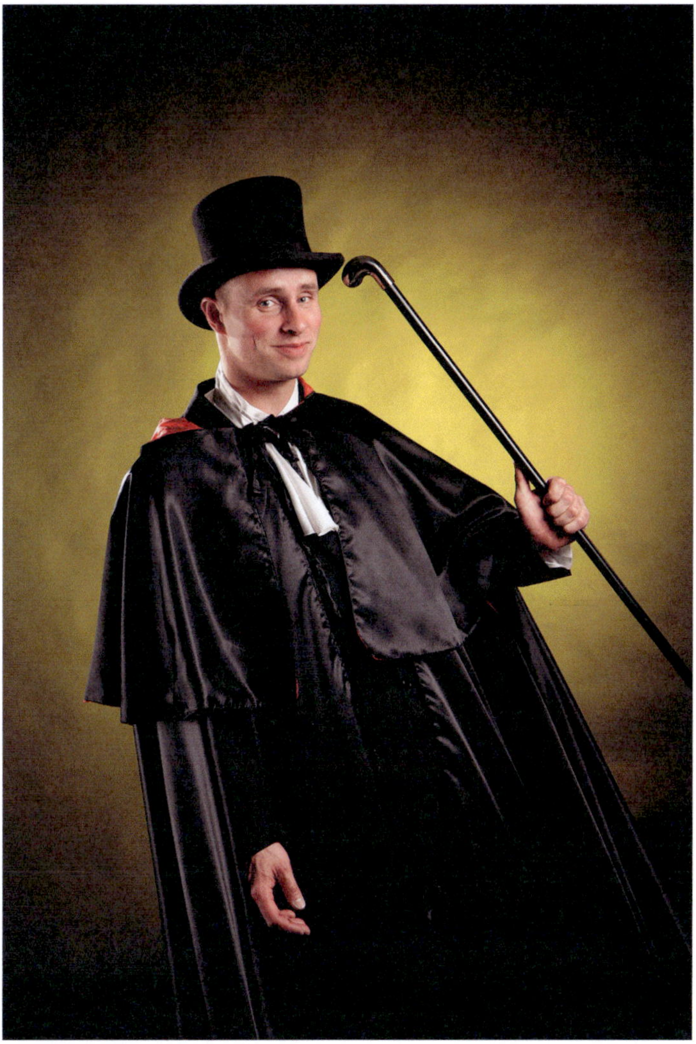

Musik

Der er mange typer musik, man kan bruge, når man skal lave et stripshow, og en del af det kan bruges med stor succes og den rigtige virkning, som man nu havde i tankerne for at skabe stemning. For en af de ting, som altid har en virkning, er musik. Man kan jo bare se på film og den måde, musikken spiller ind der, eller lægge mærke til, hvordan folk i byen reagerer på det. Så musik har en virkning på os, og det er denne virkning, du skal bruge, når du skal lave et stripnummer over for andre eller over for den person, du har i tankerne.

Du kan altid finde ud af, hvad den anden person godt kan lide, og hvis der er nogen numre, som vækker gode minder, så brug dem og fremkald den rigtige virkning. Når du er ved at afslutte dit show, kunne du spille en sang som Marc Anthonys "You sang to me" eller denne anden sang af ham: "When I dream at night", hvis du vælger en følsom afslutning på dit stripshow. Husk, denne musik er kun et forslag, og det er igen op til dig at finde noget musik, som du lige synes passer til det show, du vælger at gennemføre.

Når man har sat sit stripshow sammen, kommer musikken altid til at spille en rolle, og her vil jeg lige give et andet råd. Når man stripper, vil showet normalt være mellem 10 og 15 minutter langt. Det er svært at køre det meget længere end dette, for så ender det meget ofte med at blive kedeligt, og den eller de personer, som kigger på, kommer til at kede sig. Hele charmen forsvinder, og det mister sin magi, og det er jo ikke det, man ønsker. Det er bedre at gøre det kortere og på den måde stadig bevare magien.

Find noget musik, som du selv godt kan lide, og som den person, du stripper for, også kan lide. Som nævnt er det bedst, hvis der er nogle minder forbundet med musikken, så giver det lidt ekstra magi til dit stripshow. Men jeg vil lade det være op til dig at vælge det, du synes virker for dig. Det er jo dig, som skal strippe, ikke mig. Den tid er forbi for mig, men jeg synes, det var en sjov tid. Husk, at det vil være godt at have mindst tre musiknumre på en CD-afspiller eller andet, hvorfra du skal afspille din musik.

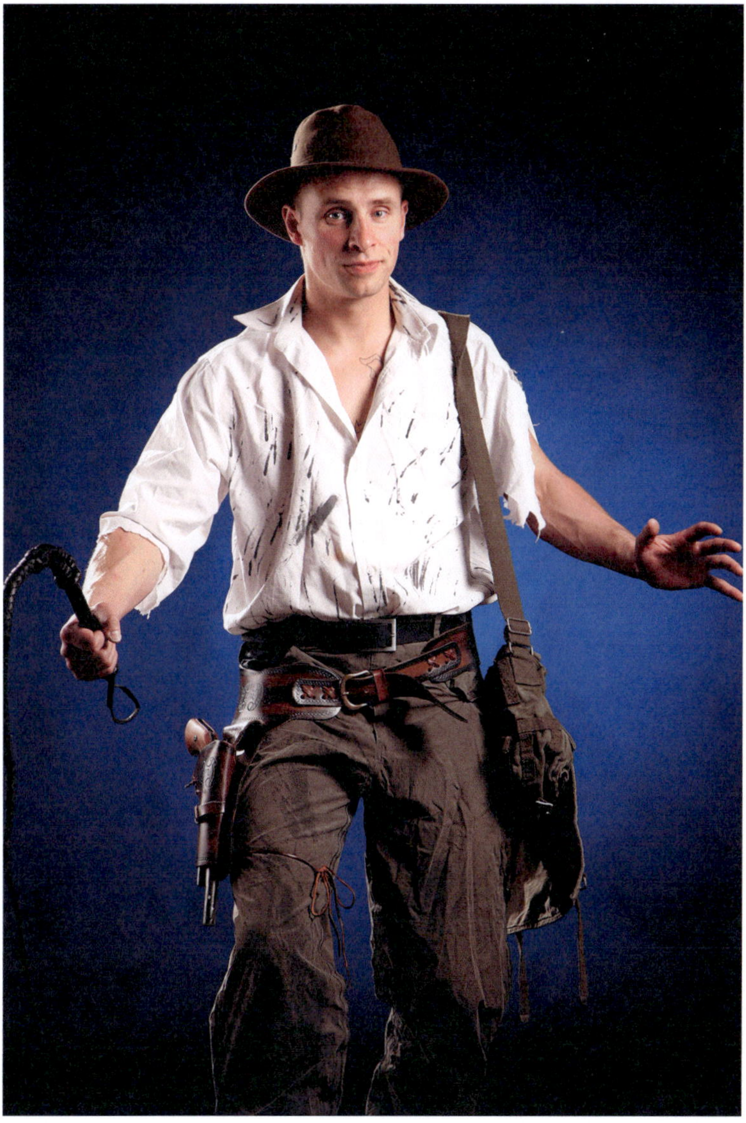

Olie

En af de ting, jeg har brugt, er olie. Olie bruges også, når man skal have massage, så det leder tankerne i retning af noget, som har med glæde at gøre. Der er noget magisk over væske, både over vand, olie og andre væsker, som kan lede vores fantasi i den retning. Når du bruger olie på din krop, er det vigtigt, at du sidder på kvindens skød, og hun får lov til at mærke dig og bruge sine hænder på din krop, alt imens du kigger hende dybt i øjne. Du må gerne styre hendes hænder derhen, hvor de skal berøre dig.

Husk, at øjnene er vejen til sjælen, og at vi meget ofte er fascineret af andres øjne, når vi ser på dem. Man kan bruge øjnene på mange måder, og andre bruger også deres øjne over for dig på samme måde; nogle gange er det bevidst, og andre gange er det ikke. Men når du stripper, må du gerne bruge din øjne til at spille med og forføre den person, du stripper for, og føre hende derhen, hvor hun fortaber sig i det show, du har lavet.

Der er mange typer olie på markedet, som man kan bruge, og som får det bedste frem i et show. Hvor du vælger at købe din olie, er jo op til dig at finde ud af. Men jeg har ofte købt en i Matas, som hedder Matas Sports Care. Den finder jeg udmærket til dette brug, og den kan også bruges til andre ting.

Lys

Der er mange typer stearinlys, som kan bruges til dette formål. Jeg selv fortrækker at bruge de tykke stearinlys, men igen er det en personlig sag, hvad man er mest til, og det handler jo om at prøve sig frem på dette område. Det, der er formålet med at bruge stearinlys, er at hælde stearinen ned over sig selv og lad den løbe. Det har en virkning, som jeg nævner et andet sted, men det er samme formål som med andre typer af væske. Levende lys er ofte forbundet med noget hyggeligt eller noget romantisk, så husk, at dette også kan have en virkning på den, som ser showet. Hvornår du skal bruge det, har jeg valgt at beskrive i et andet kapitel

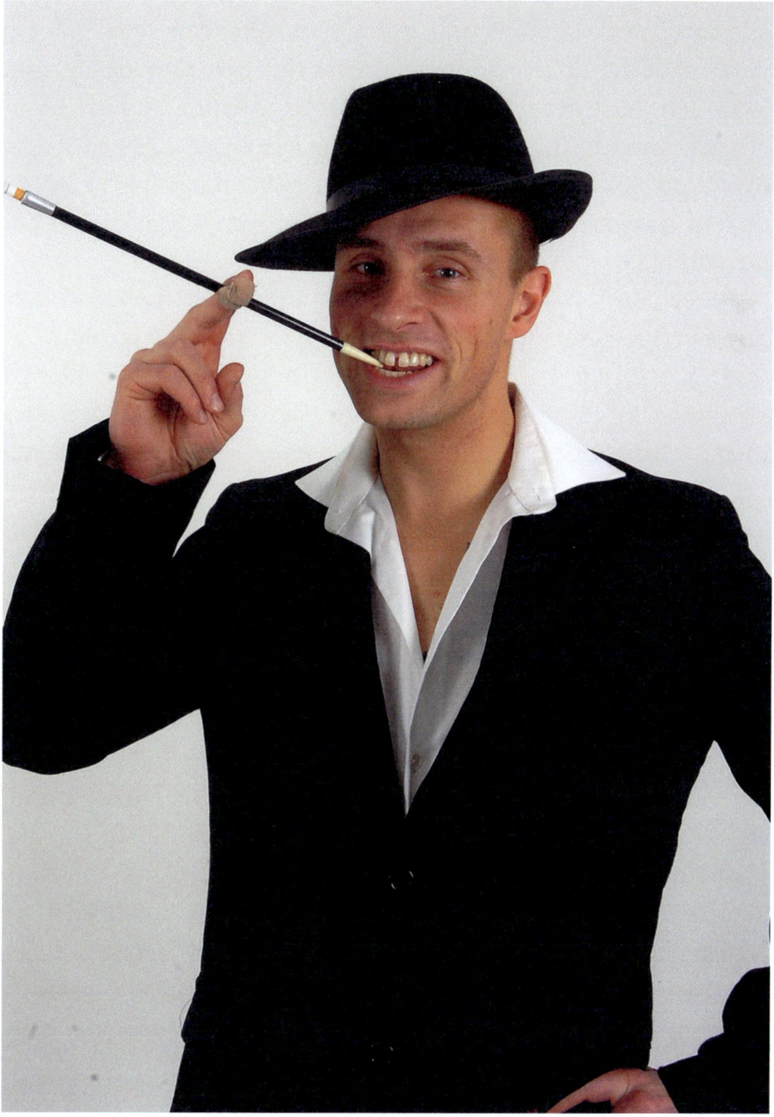

Vand

I min tid som stripper fandt jeg, at vand var en god ting at have med i mit show, og at det kunne bruges på mange måder og til at fremhæve forskellige ting, heriblandt min egen krop. Når jeg nævner dette, så vil jeg prøve at beskrive det, så godt jeg kan. Vand har altid været fascinerende for os mennesker. Bare for at nævne en enkelt ting, så er der f.eks. en Madonna Cherish-video, hvor vand spiller en vigtig rolle og har noget magisk over sig, og du kan sikker finde andre musikvideoer, som bruger vand som hovedtema.

Det er den fantasi med, at når den anden part bliver våd, så bliver vedkommendes tøj også vådt, og det, som helt er naturligt sker, er, at ens tøj kommer til at afsløre noget som – ja, spiller på en fantasi. Både mænd og kvinder har den. Man finder den også i brug i filmen Spiderman, hvor der er en scene, hvor Kirsten Dunst er ude i regnvejr, og hvor den kraftige regn kommer til at antyde, hvordan hendes smukke krop ser ud, men uden at man faktisk ved det med sikkerhed. Her bliver der også spillet på en fantasi, og dette er en af de vigtige ting at spille på, så brug vandet til at skabe en fræk fantasi, før du afslutter dit show.

Du kan have en skål vand, som du kan hælde ned ad dig selv, så dit tøj kommer til at afsløre noget, som man normalt ikke skal se. Der er også mulighed for at bruge en drikkedunk som dem, man bruger i fitnesscenteret. Skyd vandet op i luften og lad det ramme din overkrop, endnu før du har smidt din skjorte. Hvis du gør det til sidst, kan du altid bruge vandet på din krop sammen med dine hænder. Brug det, så du kommer til at se sensuel ud, og så det ser ud til, at du virkelig kan lide det, du gør ved dig selv. Det gør ikke noget, at du spiller skuespil og lader, som om dette er en nydelse for dig, og ja, det har en virkning på den, som kigger på.

Tøj

Når man vælger tøj, er der jo et stort udvalg, man kan vælge imellem, når man vil strippe. Der er mange forskellige kostumer, man kan vælge imellem. Det kan være uniformer af enhver art, såsom brandmand, politimand gentleman eller andet. Det er kun fantasien, der sætter grænser, og hvis det ikke er muligt at anskaffe sig lige netop den type kostume, man ønsker, kan man jo altid finde nål og tråd frem og så skabe det på den måde. Det betyder også, at du selv kan lave det på den måde, du gerne vil have det.

Du skal alligevel have fundet det frem, når du skal forsyne dine busker med velcrobånd, som skal sidde i siden af dine bukser, så du kan trække dem fra hinanden under dit show. Men du får rig mulighed for at finde ud af, hvordan det virker, når du øver dig, og til sidst bliver du også rigtig god til at sætte dine bukser sammen igen. Det bliver lidt tungt, men det er en pris, man må betale, når man skal træne inden for dette felt.

Hvis du har en ide til et show, men ikke ved, hvor du skal skaffe dit udstyr, kan du altid gå på nettet og finde ud af, hvor du kan bestille det. Ellers er der altid den mulighed at gå i H&M. De har et stort udvalg af forskellige ting, som med lidt fantasi kunne blive til den uniform, som du lige står og mangler til at skabe lige netop det stripshow, du har i tankerne, og som vil vække glæde om aftenen hos den, som får det at se.

Sko

Sko kan også bruges på en erotisk måde. Det er meget simpelt, men jeg ved godt, at det nok ikke er lige det, du tænker, når du ser på sko, at det også har en mulighed for at skabe noget anderledes. Jeg vil beskrive det kort her, og selv om det måske lyder mærkeligt, så vil den person, som oplever det, huske det meget tydeligt.

Jeg vil fortælle en lille historie. Jeg kender utrolig mange mennesker, heriblandt også nogle, som går op i politik. Det er ikke min pointe at have noget politisk budskab med det, jeg skriver, men mere at fortælle en historie, som jeg har en del af efterhånden. Jeg blev kontaktet af en af mine bekendte fra LAU, som vidste, at jeg arbejdede som stripper, og som spurgte, om jeg ikke kunne hjælpe dem med at lave en periode på Radikal og den valgvideo, hvor en mand stripper for Zenia Stampe.

Da jeg kom til mine sko, brugte jeg dem på en erotisk måde, og den unge dame, som filmede det, fortalte bagefter, at hun aldrig mere kunne kigge på et par sko uden at komme til at tænke på, at jeg havde brugt dem i en erotisk retning, at jeg havde spillet den af på sko. Det samme gælder, når du bruger dit bælte. Brug det på den samme erotiske måde; i stedet for bare at lade det falde af, så skab lidt spænding omkring det. Ja, du kan bruge det på mange måder, og igen er det op til dig selv. Jeg prøver bare at komme med nogle ideer.

Jeg har strippet i en ungdomsvalgvideo for LAU.

Roser eller andet

Der er mange ting, du kan bruge: flødeskum, mælk, og igen er det kun fantasien, der sætter grænser. Hvis du mangler inspiration, så lån nogle film, gerne nogle, som kvinder finder fascinerende, og som er med til at fange dem. Det er på den måde, du har mulighed for at få en idé om, hvad kvinder fantaserer om, og hvor de har deres fantasier. Så brug lidt tid og energi på at finde ud af dette, og husk, at det betaler sig i den sidste ende, når du har fået de gyldne indsigter i, hvad der gemmer sig i din kvindes indre af lyst og fantasier.

Husk at afslutte dit show på en galant måde. En af de ting, alle kvinder godt kan lide, er at få roser, og det er så her, du afslutter med at give en rose. Det har en magisk virkning på de fleste kvinder, når de får en rose. Men det er vigtigt, at du gemmer denne rose lidt væk, så hun ikke ved, hvad det er, og det bliver en lille overraskelse for hende. Du kan gemme den i et stykke stof. På den måde ved hun ikke, hvad det er, hun kommer til at modtage. Husk, hvilken virkning en julegave havde på os som børn, når vi ikke vidste, hvad der var indeni, men kun kunne gætte på det. Dette med, at det er spændende, når det er en hemmelighed, er ikke gået af os, selv om vi er blevet voksne, men hænger ved, så husk: Alle kan godt lide at blive overrasket.

Kapitel 4

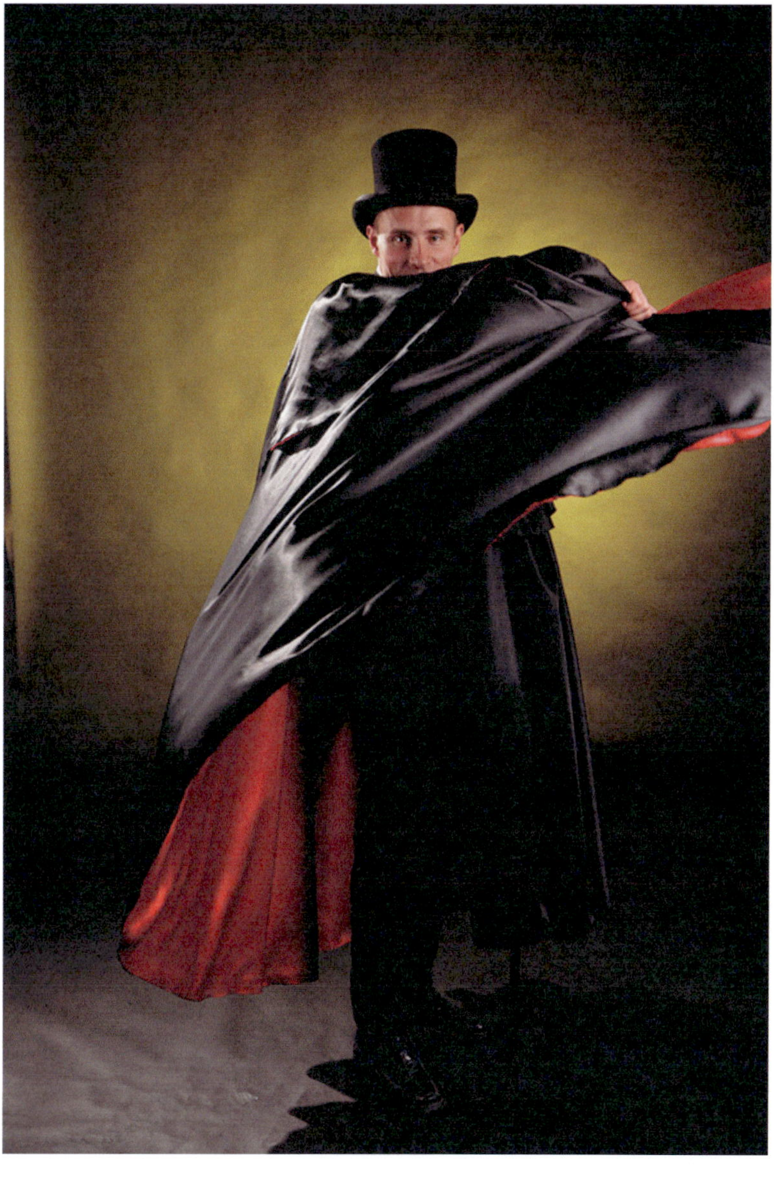

Hvordan sætter jeg et stripshow sammen og kommer i gang? Ja, nu kommer vi til den sjove del, og sikkert også den del, du har ventet på. Hvordan man får startet et stripshow op, og hvordan det forløber fra start til slut. Det kommer til at kræve lidt arbejde af dig, og der kommer sikkert til at gå en del timer med det, især hvis du vælger også at træne ved siden af, og hvis du vil lægge din kost om. Men igen er det jo op til dig at finde ud af, hvad du har det bedst med.

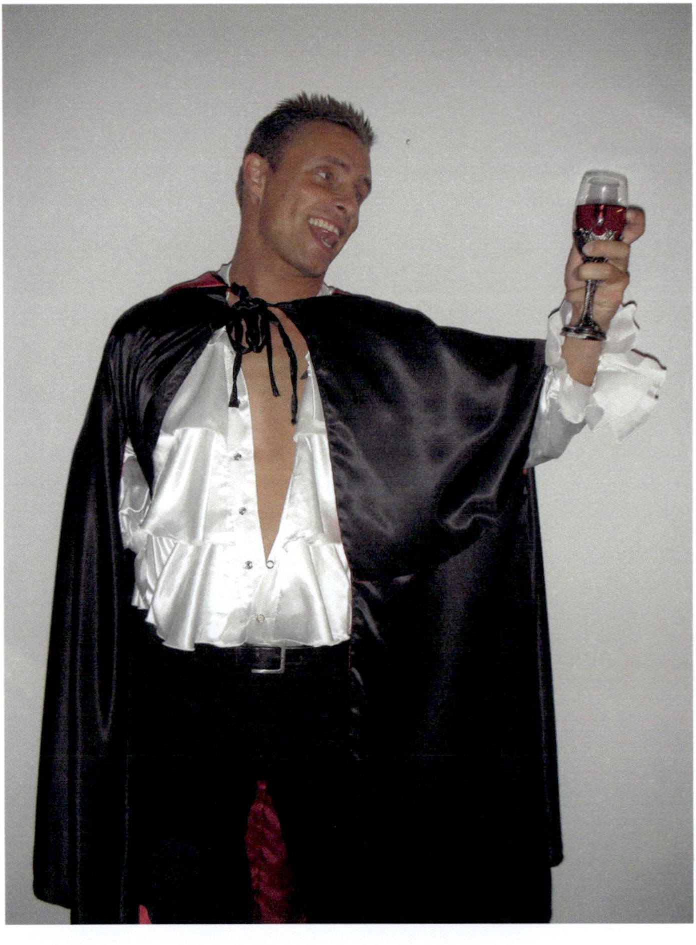

Når du har fundet ud af, hvilket show du vil lave, og har fundet den musik, du vil strippe til, så er du faktisk klar til at komme til denne del og komme i gang med at strippe. Om du vil gøre det improviseret, eller om du vil lave et skema, som du følger, er jo op til dig, men jeg vil vælge at lave et skema til dig her, så du kan komme i gang på en hurtig måde. Det kan ændres alt efter behov, og hvis du synes, der skal andre ting med ind over, eller du vil ændre hele konceptet.

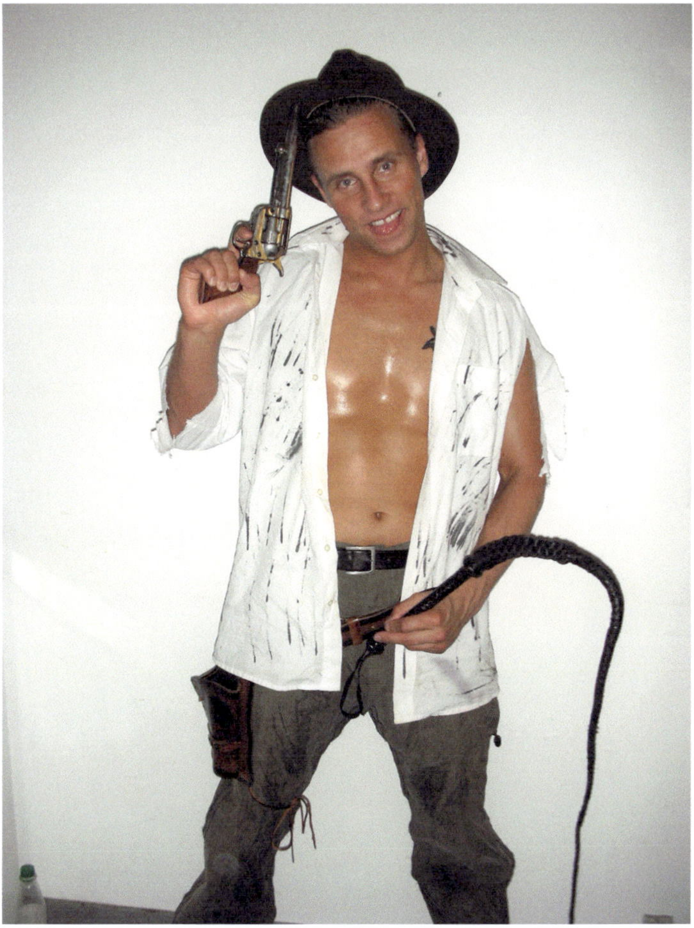

Jeg har valgt at dele det op i 3 dele for at gøre det nemmere for dig, for det kan godt være uoverskueligt at tænke på, at man skal starte showet og gennemføre det til slutningen. Så ja, jeg er lidt pædagogisk på dette punkt, for jeg går ud fra, at alle kan have brug for lidt hjælp på dette punkt for at kunne komme i gang. Men husk, hvis du kan selv, så gør du bare det. Jeg går ud fra, at alle de ting, du skal bruge i dit show, er gjort klar, så du bare kan køre på. Jeg har valgt at gennemgå stripshowet som en gentleman, og går ud fra, at man har tre musiknumre på sin CD-afspiller, som bare spiller derudad. Husk: ingen sokker på! Dette er et no go, da sokker ikke er sexy på mænd.

1. del

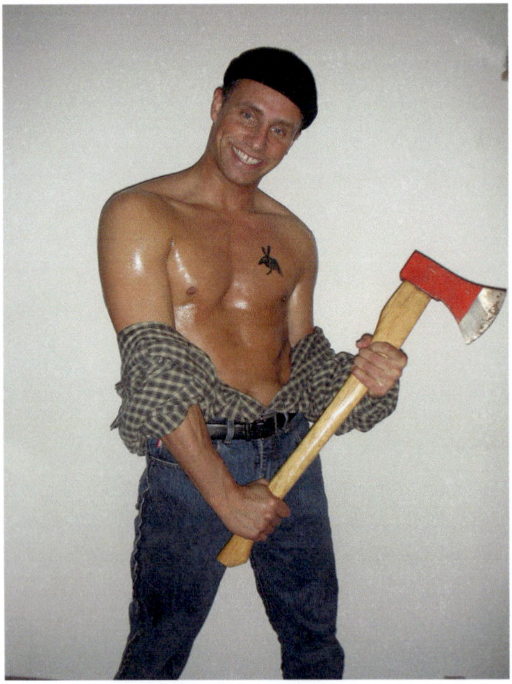

Når man starter sit show, bliver musikken tændt, og den kører i baggrunden, så man kan komme i gang med sit stripshow. Man går hen og finder sin partner og får sat hende i stolen. Herefter går man rundt et par gange, og imens kan man anbringe de forskellige rekvisitter, man vil have med i sit show, og som skal bruges senere på forskellige tidspunkter. Den eneste del, man tager af, er sin jakke. Der er flere måder, den kan tages af på: almindeligt, lidt voldsomt, eller som om du er ved at elske med den, alt efter hvilken person du er, og hvad du selv synes bedst om. Når du har smidt jakken, falder du ned foran hende og begynder at lave armstrækninger; om du vil lave dem hurtigt eller langsomt, er op til dig.

2. del

Når det næste nummer af den musik, du har valgt, starter, er du i gang med næste del af dit stripshow. Her kommer der til at ske lidt mere, og det er her, du smider din skjorte. Men brug lidt tid på at knappe den op, og du kan jo altid ligge på knæ foran hende og langsomt vise lidt af det, som er under den, og så sende hende et blik med dine øjne, og du må også gerne bruge dit smil. Husk, du er den sexy i hele denne situation, så sørg for at udnytte det. Du kan vælge at have en T-shirt under, men det er ikke nødvendigt, du kan lige så godt bare have bar hud. Når du har smidt din skjorte og står i bar overkrop, kan du vælge at gå en lille tur rundt. Gå lidt væk fra hende og få fat i din vanddunk, som du så kan bruge nu. Du tager den og sætter dig på knæ og begynder med at bruge den på en erotisk måde og afslutter med at trykke kraftigt på dunken, så vandet kommer ud af den. Lad det gerne sprøjte højt i luften og gerne i en vinkel, så det rammer dig. Herefter tager du dunken og lader hende bruge den til at hælde vandet ud over dig, alt imens du bruger dine hænder til at glide rundt på din krop på en sensuel måde. Her kommer dine sko også af; du sætter dem på hendes lår og binder snørebåndene op. Herefter tager du skoen af og holder den, så den er i skridthøjde. Den ene hånd holder fast, mens den anden glider frem og tilbage. Når du har gjort det lidt, smider du den væk, men hvis du har det bedre med bare at tage skoene af, så gør det, og buk dig, så hun kan se din bagdel.

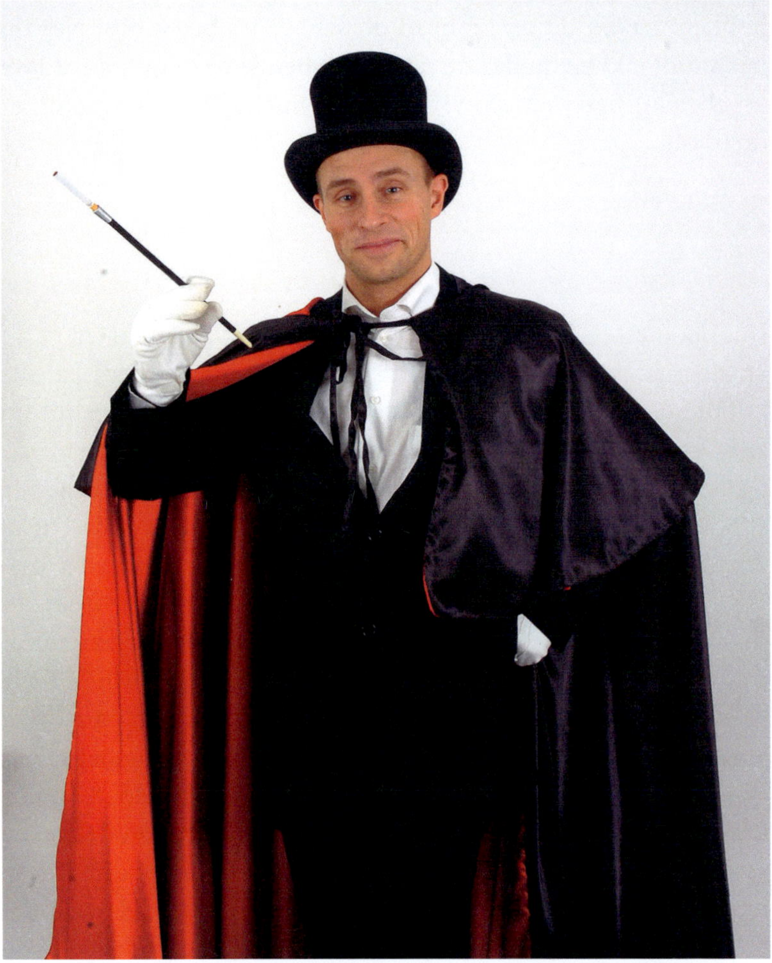

3. del

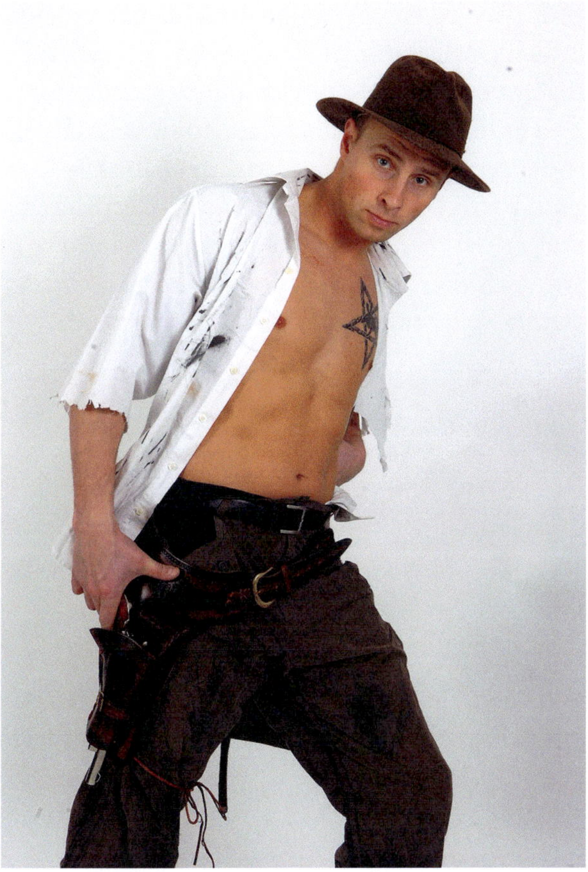

Nu kommer du til den sidste del af dit show. Herefter skal du af med dit bælte, og det kan også tages af på forskellige måder. Du kan vælge bare at trække det af, men du kan også lege lidt med det ved at trække det af på en langsom måde. Så nu har du kun dine bukser på, som du skal trække af, og her kan du vælge at gå lidt rundt, før du gør det, eller bare stille dig op med ryggen til hende, som du har valgt at strippe for. Herefter bukker du dig fremad, mens du tager fat i bukserne, og idet du kommer op igen, trækker du bukserne af. Herefter tager du fat i dunken med olien og går over og sætter dig på hendes skød og får hende til at hælde olien ud over dig. Du kan også selv hælde den ud og få hende til at gnide den ind i din krop med sine hænder. Når det har stået på et lille stykke tid, er det på tide at afslutte dit show. Du rejser dig op og går over og finder det håndklæde frem, som du har gemt rosen i. Det er vigtigt, at du ikke afslører, hvad der er i, men leger lidt med den tanke, at det kunne være hvad som helst, og først afslører til sidst, at det er en rose, som du enten kan putte i munden eller tage i hånden og så give hende.

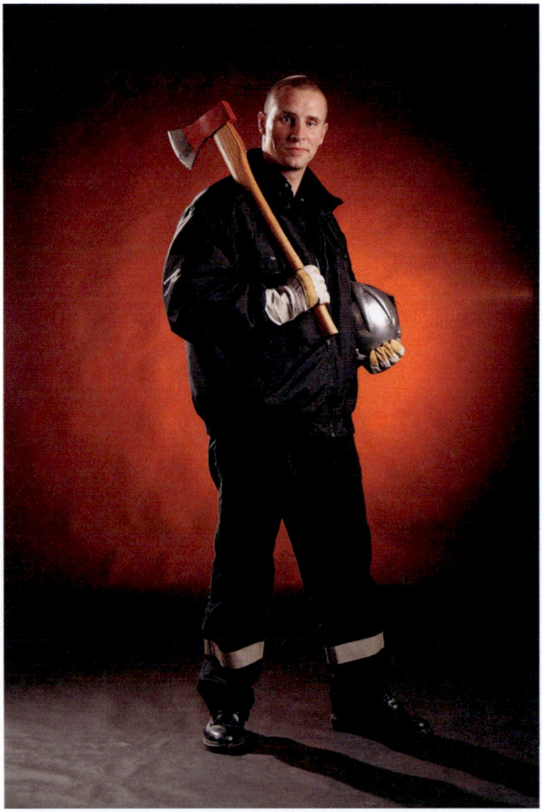

Dette var en hurtig gennemgang af et show, og efterhånden som du får mere indsigt i det, kan du lade hende røre ved din bagdel og bruge mere tid på forskellige andre ting og på, hvordan forskellige ting kan bruges. Ja, du kan bruge stearinlys til at hælde ned ad dig selv, men det kommer med erfaringen på dette punkt. Og 'god lyst!' skal det lyde her fra mig til dig.

Kapitel 5
At komme i form via træning

Der findes en masse forskellige måder og træningsmetoder at holde sig i form på. Man kan styrketræne med de ting, som det indebærer, men man kan jo også dyrke fodbold, håndbold eller bare løbe på faste tidspunkter hver uge. Det er ikke kun den måde, man træner på, som har betydning for, hvordan resultatet bliver. Det er lige så vigtigt, at man sætter tid af til at køre sine stripshows af og får dem til at sidde på rygraden og hænge ved, og ja, du kommer til at skulle gøre det mange gange. Det kan være, du tænker 'jeg skal bare strippe', men det er netop en af grundene til, at du skal træne lidt på det. For når man først står i situationen, er der mange ting og tanker, der spiller ind, og man bliver nervøs og kan komme til at se klumpe-dumpe- agtig ud.

Så når du får mulighed for det, så sæt tid af til at få trænet dit stripshow, som på mange måde er og bliver en gentagelse af en masse øvelser. Find et tidspunkt på ugen, hvor du har tid til at øve, og ja, man kan hurtigt komme til at bruge over en time på det. Man kan også en gang imellem blive rigtig træt af at gentage de samme øvelser, og den musik, man bruger, kan man jo også blive træt af, hvis man vælger, at det skal være de samme numre hver gang.

En af de ting, jeg fik lært i den periode, var at belønne mig selv, når jeg havde gennemført et show et vist antal gange. På denne måde får man kroppen til at tænke på en bestemt måde, og det har en positiv virkning på den måde, man tænker på, og får kroppen til at huske bedre. Dette er kun et forslag, ikke noget, du behøver at følge. Hvis du kan finde din egen måde at gøre det på, er det jo bare dejligt på alle måder.

Men en anden ting, som du også lige skal huske, er din kost; den er utrolig vigtig, for at du kan komme i form. Men også det at sove om natten og få sine 8 timers søvn er vigtigt for en, når det handler om at komme i form. Selv om man træner efter det rigtige program for at nå i mål, vil det ikke lykkes lige så godt, som hvis man havde husket at have kost og søvn for øje under hele den proces, som træningen er. Der er mange måde at følge en kostplan på, og den, jeg nævner her, er kun en blandt mange, som man vil kunne finde på markedet. Så vælg en, som du synes kunne være givende at bruge sin tid på.

Husk, dette er kun en af mange kure, du kan vælge, og husk, at i den sidste ende får du frigivet en masse positive stoffer i hjernen, som har en god og glædefremkaldende virkning på andre ting i dit liv og din organisme. Her er nogle af dem, men jeg tror, du kender dem: Det ene er dopamin, og det andet er endorfiner. Nogle af de ting, du skal holde dig fra, og som ikke har så positiv en virkning, er de ting, jeg nævner her, selv om jeg tror, du kender dem. Du har sikkert hørt om dem i andre sammenhænge, men nu nævner jeg dem igen: Det er sukker, det er fedt, og det er alkohol, som har en dårlig virkning på din krop, men som de fleste, også jeg selv, nyder at indtage.

Jeg ved, at de fleste af os gerne vil leve sundt, men har en tendens til at falde i. Det er ganske naturligt, at det er sådan, men husk at være obs på det. Jeg ved godt, at det er lettere sagt end gjort, så igen, husk at belønne kroppen, når du går i den rigtige retning. Det kan være med at købe den bog, det stykke tøj eller noget andet, som du virkelig har lyst til. For når du belønner din krop og hele dit system, begynder du at tænke anderledes, og det er lige netop det, der skal til for at skabe forandring i dit liv – ikke kun i forbindelse med, at du vil strippe, men med alt her i livet. Og ja, du fortjener det på alle måder.

Nå, men nu til, hvad du kan gøre: Hver gang du får en trang til sukker, så spis så meget frugt, som du har lyst til. Bananer vil jeg dog anbefale, at du kun spiser 4 af pr. dag. Det, du starter dagen med, er A38 med mysli og lidt kaffe eller te, alt efter hvad du bedst kan lide. Hvis du vil have noget sødt i kaffen, så brug honning. Jeg kunne heller ikke lide det i starten, men man vænner sig til det. Hvis du skal have mælk, så tag skummetmælk. Du skal holde dig fra rødt kød og så vidt muligt spise kylling eller fisk. Ja, én gang om ugen er det ok med rødt kød; dette har noget at gøre med, at det er sværere at nedbryde for kroppen. Til aftensmåltidet skal du spise så mange grønsager som muligt, og til frokost grovbrød og uden smør eller andre produkter af den slags.

Når du træner, er det vigtigt, at du får pusten op, og en af de ting, jeg har brugt og varmt kan anbefale, er en motionscykel. Den bruger du i 30 minutter, hver gang du træner. Prøv, om du ikke kan få dit PMB op på 90 og få det til at blive liggende der hele tiden under din træning. Ja, i starten er det hårdt og svært, men efterhånden som kroppen kommer i gang, vænner den sig til det

Kapitel 6
Min tid som stripper

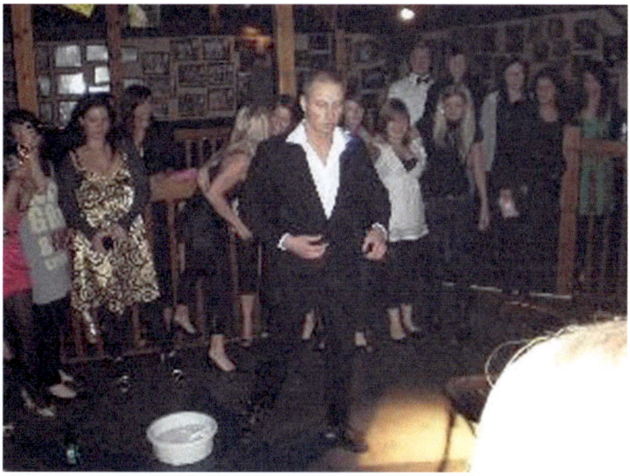

Der er så mange historier, og vil nævne nogle af dem her. Nogle af dem er lidt underlige, mens andre er lidt sjove. Jeg ønsker ikke med dette at udstille nogen af dem, jeg skriver om, men bare at skrive om noget fra mit liv, og jeg håber, du får lidt glæde af det. Der er sikkert en del, jeg ikke får nævnt, fordi jeg ikke kan huske hvert enkelt show, jeg har lavet. Men der er mange historier, og nogle gange var jeg afsted 4 til 6 gange på en aften, selv om det sidste ikke skete så tit. Men det er sket, og jeg har samtidig hygget mig med de ting, jeg gjorde, og de oplevelser, jeg fik undervejs, og som på alle måder har beriget mig som den person, jeg er. Og jeg vil altid sige tak til de mennesker, jeg har været ude og strippe for; de var både søde og rare mennesker, som på alle måder var almindelige, og nogle af dem husker jeg stadig som charmerende og kønne. Men god læselyst!

Jeg har selv arbejdet inden for dette område som stripper og har optrådt i Danmark, men har også haft min gang i Sverige for de største firmaer derovre. Jeg nåede også at komme til at strippe i Tyskland, og selv om det kun blev til to gange, var det stadig en god oplevelse. Kort efter valgte jeg at flytte til København. Så jeg ved godt, hvilke tanker og følelser der går igennem kroppen, når man står i den situation at skulle smide sit tøj over for et andet menneske eller flere andre mennesker. For ja, det er grænseoverskridende på alle måder, men det giver også et kæmpe kick at gennemføre det.

Men hvordan starter det, at man træffer et valg som dette og starter en karriere som stripper og får det som erhverv? Ja, det er et godt spørgsmål, som jeg er blevet stillet en del gange hen ad vejen, både da jeg var stripper, og også da jeg stoppede. Jeg tror, der var mange ting, som spillede ind og førte til, at jeg traf dette valg, og alligevel var det temmelig nemt, når jeg tænker tilbage på, hvordan og hvorfor jeg traf det valg. Det ændrede mit liv på mange måder, men de oplevelser, jeg fik ud af det, kan ikke købes for penge. Ja, det har nogle konsekvenser at vælge et erhverv som stripper, og en af dem vedrører det at have et forhold til en partner. Da et parforhold bygger på tillid, kræver det en masse fra begge sider.

Havde du spurgt mig, da jeg var 20 år, om jeg ville vælge at blive stripper, ville jeg nok have kigget meget mærkeligt på dig. Men da jeg startede som stripper, var jeg lige gået ud af et forhold og var som 30-årig et sted i mit liv, hvor jeg gerne ville prøve en masse ting af. Jeg stod nu og skulle forholde mig til noget nyt, nemlig det at have frihed til at gøre, hvad jeg gerne ville, med mit liv, uden at skulle tænke på en partner. Denne frihed førte mig i denne retning, både fordi jeg gerne ville prøve mig selv af på en ny og anderledes måde, og fordi jeg var nysgerrig på livet, og hvad det havde at tilbyde. Men igen, hvordan kan det være, at jeg lige netop traf dette valg, tænker du måske, og jeg skal prøve at være så ærlig, jeg kan, for at give dig et rimeligt svar.

Men som sagt så startede jeg med at strippe, da jeg var 30 år, og gjorde det de næste 6 år. Jeg tror, jeg var inde i en periode af mit liv, hvor jeg gerne ville prøve mig selv af og finde mine egne grænser. Jeg syntes, det bedst kunne ske ved at arbejde som stripper, og havde nok en forestilling om arbejdet, som var anderledes end virkeligheden. Men sådan er det jo en gang imellem, og så er det jo rart, at man kan blive beriget på denne måde med hensyn til, hvordan virkeligheden ser ud. Men en af de ting, som fangede mig og fik mig til at gå ind i dette, var den tanke, at det ville være nemt at score kvinder. Og ja, det med pengene trak også. Så jeg syntes, det var en god kombination.

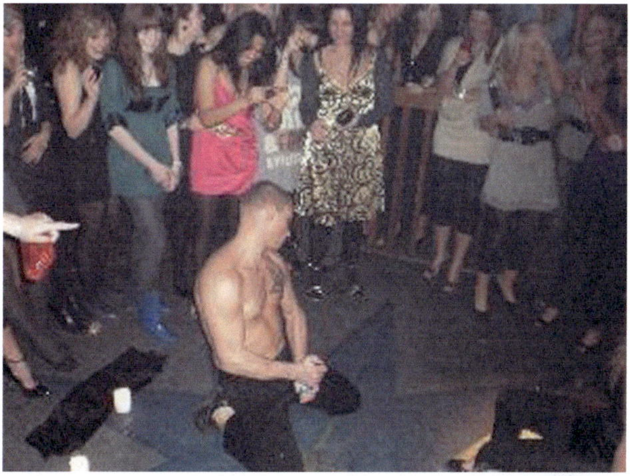

Jeg husker stadig mit første show; det foregik i Flensborg ved Erotic-messen, og jeg husker også, at jeg en uge i forvejen havde været i kontakt med Preben fra Stripperkongens Piger, som havde inviteret mig ned for at strippe. Dette var først og fremmest for at se, om jeg havde, hvad det kræver at gennemføre at være stripper. Jeg kan huske, at jeg havde fået sat noget musik sammen til mit show, og at jeg afleverede det til DJ'en, som smilede og tog imod det. Han havde fået at vide, at det var mit første show, og at jeg aldrig havde gjort dette før. Han var temmelig flink og fortalte alle, at de skulle tage godt imod mig, fordi det var første gang, jeg skulle strippe.

Det var et utrolig dårligt show på alle måder, og nej, hvor var jeg nervøs og usikker. Jeg husker stadig, da jeg var midt i mit show, og denne tanke meldte sig: ”Hvad laver jeg her?”, og jeg kunne mærke, at usikkerheden langsomt, men sikkert dukkede frem og blev mere og mere voldsom. Jeg fik gennemført mit show og fik et kæmpe bifald fra det publikum, som var til stede, selv om en del havde valgt at forlade stedet, sikkert fordi jeg var ny og ja, sikkert også vildt dårlig. Jeg stod tilbage med en fed følelse, som er svær at beskrive, men jeg blev høj af det, og jeg kan huske, at jeg tænkte, at hvis jeg kunne få bifald for dette, ville jeg måske kunne gøre mig i den verden. Under resten af messen valgte jeg at kigge på de mandlige strippere og se på, hvordan deres show så ud, og jeg tænkte, at jeg havde en masse at lære, men jeg var villig til at tage den chance.

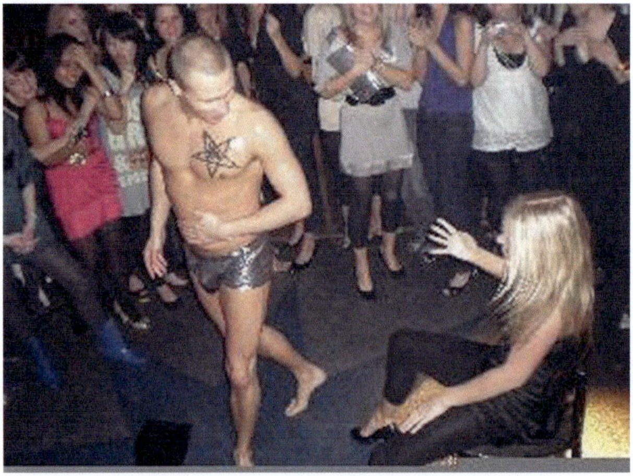

20 dage senere deltog jeg i DM i mandestrip, og inden da havde jeg gjort en masse på det område. Blandt andet have jeg taget sol og meget af det, og jeg fået fjernet en masse hår på hele kroppen, for det havde jeg lært af de mandlige strippere, jeg så gå på senere. Jeg havde fået gjort noget mere ud af min træning og var

kommet i form, men jeg havde som sagt også taget en masse sol. Jeg havde også brugt en masse tid og energi på mit stripshow og havde lavet et kung fu-strip. I dag ville jeg nok have lavet noget andet, men jeg vidste ikke så meget om de ting, kvinder tænder på og finder frækt. Men en god ting havde jeg valgt at tage med i mit show, og det fortsatte jeg med. Det var at give en rose som afslutning på mit show. Faktisk var det en kvinde, jeg mødte på Erotic-messen, som anbefalede mig at gøre det. Det tog jeg til mig, og det er en af de ting, som har fulgt mig på min vej som stripper: at slutte mit show af med at aflevere en rød rose til den kvinde, som var udvalgt som den, der skulle have en oplevelse. Og ja, det har en meget positiv virkning på den kvinde, det går ud over. Måske er "går ud over" ikke det rigtige udtryk, men hende, som får den oplevelse.

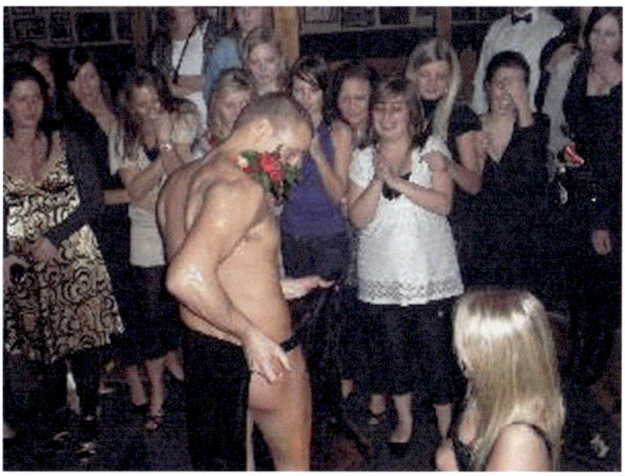

Der var 8 mennesker, der deltog i DM. Det var ikke så mange, men det var en oplevelse, hvor jeg blandt andet hørte en masse røverhistorier fra mange af stripperne. Ikke at jeg fik nogen specielt god placering, men jeg deltog, og det var nok mest det, som talte hos mig som person. Kort efter dette mesterskab fik jeg mit første stripshow i Århus. Jeg øvede mig og gennemgik hele tiden mit show, så jeg til sidst kunne huske hver ting, der skulle ske, når jeg gik i gang med at lave det. Og ja, jeg havde kun det ene show. Jeg husker, da jeg ankom; jeg havde overtalt en af mine venner til at tage med og var temmelig nervøs, men glædede mig også over, at jeg skulle have lov til at optræde og tjene penge på det. Vi spillede lidt billard for at få tiden til at gå, indtil jeg skulle på. Jeg tror, der var 15 mennesker, der kiggede på, første gang jeg optrådte. Og ja, der var en af kvinderne, som syntes, hun ville noget mere end bare at snakke, men jeg var for nervøs til at gøre noget ved det, og kort efter at jeg var færdig, tog vi af sted igen. Jeg kan huske, at jeg var helt høj over det og havde masser af energi i kroppen. Jeg kunne sikkert have løbet hele vejen hjem fra Århus.

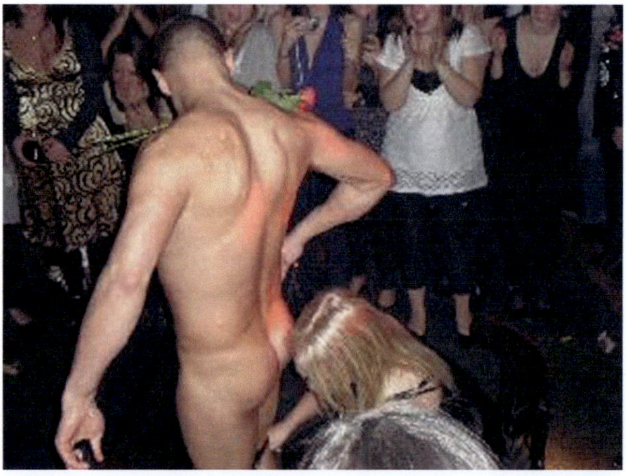

Jeg var stolt over, at det var lykkedes, og kort efter havde jeg fået en aftale i hus om at strippe i Åbenrå, på et af de lokale steder. Der var fuldt hus, da det ikke var så tit, at der var strip disse steder, så jeg var blevet trækplaster for de lystne øjne. Jeg havde i mellemtiden fået lavet to shows, for jeg arbejdede på at blive bedre, end jeg havde været før. Jeg fik lavet et af mine shows for en af de flotteste kvinder i det område. Jeg kan huske, at hun hed Mette, og jeg ville nok ikke være kommet i kontakt med hende, hvis det ikke var, fordi jeg havde strippet. Men vi snakkede kort sammen, og jeg havde lidt kontakt med hende, efter at jeg var taget til København.

Kort før jeg flyttede til København, havde jeg et show i Tyskland, i Flensborg. Det var en 25 års fødselsdag, og alt gik, som det skulle. Der var 8 gæster, og de var rigtig søde. Jeg fik snakket med gæsterne bagefter, selv om det var temmelig svært, da jeg ikke var særlig stærk til tysk. Jeg valgte hurtigt at tage hjem mod Danmark igen, men jeg kan huske, at værtinden blev helt glad for at få rosen, som jeg altid sluttede mit show af med gennem de 6 år, hvor jeg var en del af miljøet.

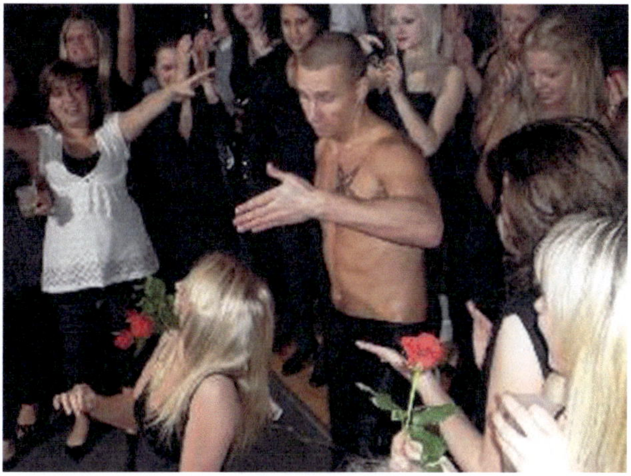

Lige da jeg flyttede til København, mødte jeg en kvinde, som jeg i løbet af kort tid kom i et parforhold med, og så sluttede det med at strippe. Men forholdet holdt kun i 8 måneder, og jeg kunne mærke, at jeg ikke var færdig med at strippe, så kort tid efter vendte jeg tilbage til dette miljø og gik i gang for fuldt tryk. Det første show, jeg fik herefter, var på en bodega i Roskilde, hvor jeg skulle strippe sammen med en anden stripper. Her lavede jeg et flyttemandsstrip, og så var jeg i gang med at køre mig selv i stilling til at vie mit liv til strip.

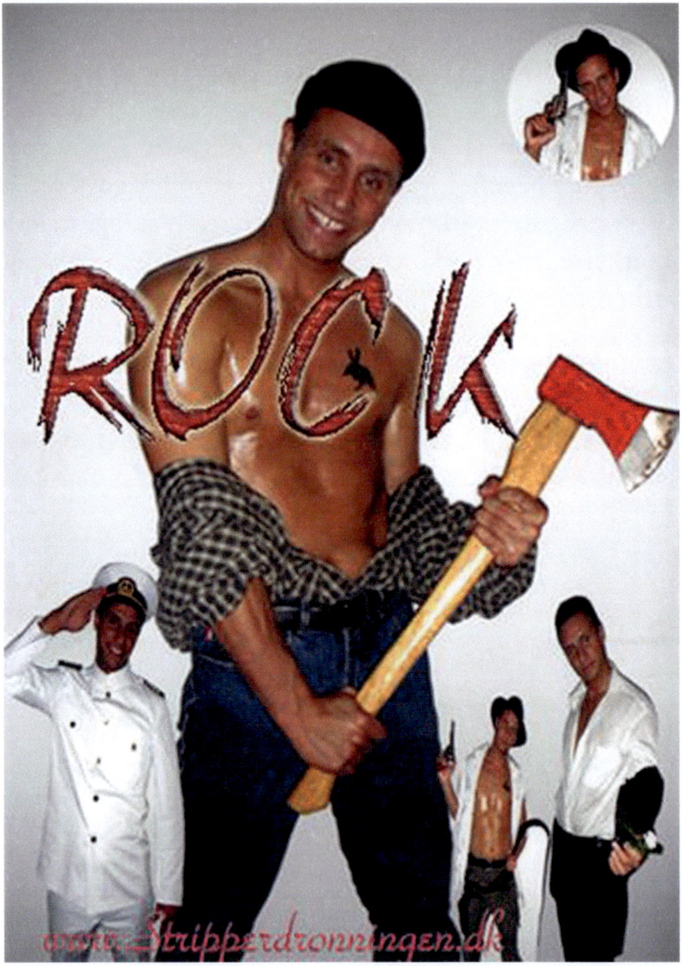

Efterhånden kom jeg ind under flere og flere eventfirmaer, som havde med strip at gøre, heriblandt Dansk Showservice, Stripperdronning og et svensk stripfirma, for bare at nævne nogle af dem, jeg løb ind i og bliv ansat af til at udføre stripshows rundt om i landet. Jeg kom også over på den anden side af Sundet for at strippe. Det er mange stripshows, jeg har lavet, og jeg kan ikke huske dem alle, men jeg vil nævne nogle af dem, der har været en del anderledes og faktisk også temmelig sjove at tænke tilbage på.

Nu begynder jeg bare at fortælle om mine oplevelser, for jeg har haft en del, og jeg kan ikke huske, hvornår de alle sammen skete. Men jeg ved, der er mange af dem, og jeg vil prøve at få dem med, som ja, er lidt sjove eller lidt underlige. Jeg vil bare kaste mig ud i det og så bare fortælle, for jeg kan ikke rigtig huske, hvornår de forskellige stripshows er fra, men sådan er det jo en gang imellem her i livet, men når det er sagt, så var det en sjov tid med en masse oplevelser.

Jeg ved, det er rart at blive lagt an på. Det er en givende følelse at opleve, at et andet menneske synes, at man er lækker, eller at man er i stand til at tiltrække en anden person. Jeg blev dog temmelig overrasket, da jeg skulle ud og lave et stripshow på et plejehjem for en kvinde på 90 år. Det var hendes barnebarn, der have bestilt et strip, og det skulle være en brandmand, for hun var helt vild med brandmænd. Selv om hun var dement, så kunne dette virkelig få hende op af stolen. Det var en fredag, jeg havde fået dette show, og det var ude på Frederiksberg. Jeg havde snakket med kvindens barnebarn dagen før, fordi jeg ønskede at vide lidt om, hvad det var, jeg skulle ud til, bare lige almindelig viden, og desuden ville fortælle, hvad der ville ske, når jeg skulle strippe for hende.

Jeg gjorde klar til at komme ud til denne fødselsdagsfest med hele kvindens familie, og da jeg ankom til plejehjemmet, blev jeg mødt af en sød og imødekommende person fra personalet, som var så venlig at lede mig i retning af stedet, hvor der skulle holdes fødselsdag. Jeg mødte barnebarnet, som jeg lige fik snakket med, og han syntes, det var fedt, at jeg ville give hans bedstemor denne oplevelse. Jeg sagde, at når man normalt kun har med 18-25 årsfødselsdage at gøre, så er det rart at få en anden oplevelse en gang imellem. Jeg gik i gang med showet, mens hele familien var samlet, og kvinden sad og smilede og var glad for denne oplevelse. Da jeg var færdig med mit show, blev jeg spurgt, om jeg ikke ville have en bid brød, og det ville jeg gerne.

Da vi gik til bords, fik jeg lov at sidde ved siden af fødselsdagsbarnet. Hun sad for bordenden og hyggede sig, men jeg havde ikke regnet med det, der skete, og blev nok lidt overrasket over det. Mens jeg sad her, mærkede jeg en hånd på mit knæ. Det var den ældre kvinde, som syntes, at hun gerne ville have noget opmærksomhed. Jeg skubbede hendes hånd væk tre gange og blev lidt ved siden af mig selv. Hun prøvede igen, men på en anden måde. Hun spurgte, om jeg ikke kunne klø hende på ryggen. Dette havde jeg ikke noget problem med, og jeg gjorde det, men herefter spurgte hun, om jeg ikke kunne klø hende på benet. Jeg smilede og sagde pænt nej tak med et smil på mine læber. Familien begyndte at grine, for de kunne se, at jeg var lidt ved siden af mig selv. Jeg havde aldrig prøvet, at der var en kvinde på 90, der lagde an på mig, men en gang skal jo være den første.

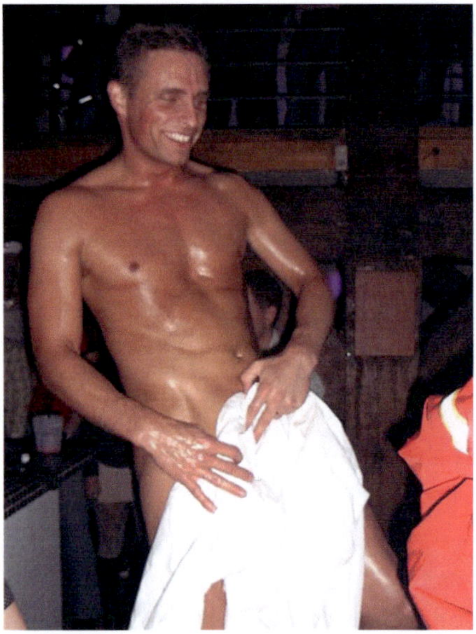

Jeg skulle til Helsingør og lave et strip show. Jeg kan ikke lade være med at smile ved tanken, men det vil jeg komme til. Jeg var blevet færdig med at arbejde og havde sent fri, og så var det af sted til Helsingør for at lave dette show. Jeg husker, at stedet hed Emma, men jeg er faktisk ikke sikker på, om det hed noget mere end det. Jeg skulle lave et show deroppe og fik at vide, at der var ladies' night, og der var 30-40 kvinder på selve stedet. Jeg gik igennem lokalet, og der faldt nogle blikke i min retning, sikkert fordi de allerede vidste, hvem jeg var, og hvad jeg skulle. Der var en del unge mænd, som serverede i bar overkrop og hyggede om disse kvinder, for at de skulle få en god aften. Jeg mødte ejeren af stedet og fik hurtigt snakket med hende om, hvor jeg skulle klæde om, og fik de almindelige informationer, som jeg gerne ville have, når jeg skulle lave et stripshow.

Jeg gik i gang med at lave mit show og prøvede at komme så meget rundt til alle gæsterne som muligt, så alle fik lov at få en lille del af stripshowet personlig. Jeg have købt en stor buket roser, så jeg kunne dele lidt rundt til de forskellige kvinder, som var til stede. Der var 13 roser i alt, så der var 13 kvinder, som fik lidt den aften. Da jeg var færdig, stod jeg oppe i baren og nød en sodavand og slappede af, og der kom en del over og roste mig. Og ja, jeg elsker ros; det er en rar følelse at opleve, at andre faktisk godt kan lide det, man laver, også selvom det er strip. Mens jeg stod der og nød min vand, før jeg ville gå igen, kom der en kvinde hen til mig. En af de ting, jeg meget hurtigt lagde mærke til, var hendes kæmpe bryster, nok fordi hun samtidig var en meget tynd kvinde. Det var nok det, som gjorde, at hendes bryster kom til at se så voldsomme ud, men ellers var hun en almindeligt udseende kvinde. Men hun kom over til mig og ville give 5000 kr. Jeg troede i første omgang, at det handlede om, at jeg skulle strippe, men det handlede om, at hun ville købe mig til sex for en nat.

Ja, jeg kunne have sagt ja, men jeg fortalte, at jeg var stripper og ikke kørte escort og derfor ikke var interesseret i at tage mod dette tilbud, men takkede hende pænt for det. Jeg valgte at drikke ud og så finde ud af at komme hjem til Amager igen. Det er altid rart at opleve, at andre finder en så spændende, at de ligefrem er villige til at betale penge for at nyde ens krop. Men jeg tror bare ikke, jeg ville have haft det godt med mig selv, hvis jeg havde sagt ja. Jeg har dog stor respekt for andre, der kan dette. Samtidig arbejder jeg for at fortælle andre, at strip og escort ikke er det samme, så hvis jeg havde sagt ja til dette, ville jeg nok have følt, at det var dobbeltmoralsk, og jeg har det ikke så godt med den type personer. Jeg ville sikkert have sagt ja til at have sex med kvinden, hvis det var kommet så vidt.

Et år senere var jeg i Hvidovre for at strippe, og ved den lejlighed mødte jeg en af de drenge, som have været oppe på Emma og servere den aften. Det var lidt sjovt at snakke med ham. Det begyndte med, at han syntes, at han havde set et andet stripshow, som lignede mit, og da jeg spurgte ham, hvor det var henne, fortalte han, at han havde serveret på det sted, der hed Emma. Jeg snakkede med ham kort efter mit show, og så skulle jeg videre samme aften til et andet show.

Har du nogen sinde prøvet som mand at blive solgt som en date? Nå, jeg må hellere fortælle den næste stripperhistorie. Jeg kan huske, at en af mine venner ringede og fortalte mig, at han stod og manglede en person til at servere i bar overkrop. Han vidste nok, at jeg var villig til at gøre det, og jeg skulle bare være på i 2 timer og hygge om kunderne. Jeg tog derind, for stedet lå ved Nørreport, ved Jagtstuen, hvor de havde ladies' night. Jeg kom ind på stedet og skulle bare være i bar overkrop og servere for de forskellige kvinder, der var i alderen fra 18 til 45 år og havde godt gang i den og hyggede sig. Efter at en stripper havde været på, var der virkelig gang i den, og kvinderne var friske på at se mere kød, så det endte med, at de to unge mænd, som var til stede og skulle sælge et nyt produkt fra Carlsberg, også blev opfordret til at tage tøjet af.

Efter at de havde stået lidt, begyndte jeg at spørge dem om, hvem de var, og hvad de lavede til hverdag, og om de var single, samt forskellige andre spørgsmål, som nu engang bruges i en samtale. Da jeg havde fået de informationer, som kunne gøre aftenen lidt sjovere, opsøgte jeg den kvinde, som stod for denne event, og spurgte, om de unge mænd ikke skulle stå i bar overkrop. Jeg syntes, hun skulle spørge alle kvinderne om det, og det skete så, og det endte med, at de også stod i bar overkrop og gik nogle omgange rundt. Efter noget tid henvendte jeg mig igen til den unge dame, som stod for eventen, og spurgte, om hun have set "Coyote ugly", og det have hun til mit held. Så fortalte jeg, at en af fyrene var single, og spurgte, om vi ikke skulle sælge ham som en date til disse kvinder. Og ja, så skete der det, at den unge mand bliv solgt for 850 kr., og for de penge skulle han invitere en kvinde ud og sørge for, at hun fik en god aften.

Nogle gange kan man godt komme til at undre sig over folk. Jeg havde været ude at lave to andre stripshows, hvor jeg havde haft en af mine stand up komiker-venner med. Da han ikke optrådte så meget, syntes jeg, han skulle have denne mulighed for at gøre det. Men da jeg havde et show tilbage, ville han gerne hjem til sin kone og hygge sig, så jeg satte ham af i Valby, hvor han bor. Jeg fortsatte ind til mit næste show, som skulle foregå på Nørrebro; det var en 21 års fødselsdag. Jeg var på vej op ad trappen, da jeg blev stoppet af kvindens bror. Han ser mig dybt ind i øjnene og spørger så: "Hvis jeg betaler noget ekstra, kan du så ikke kneppe min søster?"

Jeg blive temmelig overrasket over dette. Jeg har faktisk aldrig mødt nogen andre, som syntes, at deres søster skulle have sex med en fremmed mand mod betaling. Jeg svarede, som jeg altid har gjort, at jeg ikke dyrkede sex med nogen for penge. Men broren gav mig lidt ekstra, sikkert i håb om, at jeg ville skifte mening, og jeg tænkte, om hans søster var uheldig at se på, eller om der var andet i vejen med hende. Men faktisk var hun en meget køn kvinde, og ja, hun var temmelig nærgående, men det følger jo med dette erhverv. Jeg fik strippet og fik lige nydt en sodavand, og så var jeg på vej hjem. Det havde været en lang aften, og det var ikke min fest, men deres.

Nogle gang husker mennesker nogle af de ting, man har lavet gennem tiden. Jeg stod på en bar inde i byen og var temmelig fuld, da fire kvinder kom over til mig og spurgte, om jeg ikke var Stripper-Lars, og dette måtte jeg så svare ja til. De kunne godt huske mit show, og vi snakkede lidt sammen. Jeg kunne ikke lade være med at spørge, hvor lang tid siden det var, jeg have strippet for dem, og de fortalte mig, at det var 4 år siden. Jeg blev lidt overrasket og tænkte, at enten skete der ikke så meget i deres liv, eller også var det et virkelig godt show, og ja, det er jo så op til den enkelte at bedømme. Men det er lidt sjovt at tænke på, at man kan være i stand til at gøre indtryk andre på den ene eller den anden måde.

Nogle gang kan man jo møde en kendt. Jeg har efterhånden haft en del oplevelser i forbindelse med det med at strippe. Jeg var blevet bedt om at tage til Nordsjælland og lave et stripshow, og da jeg var færdig, var der en af gæsterne, der virkede bekendt, men uden at jeg kunne sætte ord på, hvem det var, og hvorfra jeg kendte hende. Jeg spurgte lidt rundt, og de andre gæster fortalte mig, at hun hed Julia. Da gik det op for mig, at det var Julia fra Blå øjne, som jeg som ung havde været fan af. Jeg kunne ikke lade være, men var nødt til at bede hende om en autograf, og det fik jeg så, og tak for det og den oplevelse.

Den bedste dag i mit liv. Nogle gange kommer andre til at påvirke en på nogle meget positive måder. Jeg har oplevet nogle gange, at jeg åbenbart er i stand til at påvirke mennesker omkring mig, men tænker ikke så meget over det. Men jeg glæder mig altid over andres glæde og lykke, også selv om jeg ikke får de samme oplevelser. Det kan være, når mine venner eller veninder kommer i forhold; så glæder jeg mig på deres vegne. Jeg synes jo, det er rart med lykke i vort liv, og den følgende historie har dette element med. Jeg var lige startet i det svenske stripfirma og have fået min første opgave; jeg skulle til Sverige og lave et stripshow.

Det var ovre i Malmø, og det var bare at hoppe ind i bilen og så afsted. Jeg kom med et af mine mange forskellige shows, men det, jeg ikke vidste, var, at den kvinde, jeg strippede for, faktisk altid havde drømt om at få denne oplevelse, og at det var hendes fantasi, som kom til live igennem det show, jeg lavede for hende. Jeg kan stadig huske de ord, hun sagde til mig bagefter, da jeg var ved at gå, fordi jeg blev rørt. "Det er den bedste dag i mit liv," sagde hun, men jeg fortalte hende, at det var, når hun blev gift med sin kommende mand. Men hun var helt rørt til tårer, og ja, det giver mig glæde at have givet et andet menneske glæde på den måde, for der går ikke noget af mig.

Nogle gange, når man fylder år, får man opfyldt sit ønske. Jeg husker stadig, da jeg blev ringet op af Dansk Showservice, der havde et job til mig. Jeg skulle ud og strippe til en 16-årig piges fødselsdag. Jeg havde fået nummeret på pigens far og tog ud og fik en snak med ham om, hvad der skulle ske. Jeg fortalte, hvad der ville ske i showet, og understregede, at jeg på ingen måde ville overskride hendes grænser. Faren fortalte mig, at da de havde været inde at kigge, havde hans datter givet udtryk for, at jeg var den flotteste, og det er jo altid rart at får de ord med på vejen. Jeg synes, det er berigende at opleve dette. Om det så er en på 90 eller en på 16, så er det altid rart, og jeg siger tak for de oplevelser.

Da jeg havde klædt om og gik i gang med showet, var pigerne meget nervøse, men det havde nok noget med deres alder at gøre. Sådan var det under hele showet; de var nervøse, men alligevel syntes de, det var spændende, og det havde vel noget at gøre med de hormoner, som kører rundt i kroppen på en, når man er i den alder. Jeg sluttede af med at aflevere roser til alle dem, der var til stede. Men der var kommet en ekstra pige med, og hun havde taget sin kæreste med, så jeg sagde, at hun jo havde fået den rigtige del af, hvad en rose kunne føre til. Jeg takkede af og gik ind ved siden af, og så tog fanden ved dem, og de råbte: "Hvornår kommer den næste stripper?" Jeg kunne ikke lade være at smile ved den sætning. Nu havde de fundet ud af, at det ikke var så slemt alligevel.

Dem i kommunen skal jo også have det lidt sjovt. Jeg blev ringet op af Dansk Showservice, som have et job, jeg skulle gøre. Som altid var jeg frisk på at komme ud og strippe, og da jeg hørte, at det var inden for Københavns Kommune, i deres afdeling for sociale ydelser for ældre, kunne jeg ikke lade være med at smile en del, for på det tidspunkt arbejdede jeg selv inden for ældreområdet og med andre mennesker, som havde behov for hjælp af forskellig art. Det var en 50 års fødselsdag, og hovedpersonen fik julelys i øjnene, og som altid sluttede jeg af med en rose for at glæde den kvinde, som var i centrum. Efter showet sad jeg lidt og snakkede med hende, og da hun hørte, at jeg arbejdede inden for ældrepleje, kom det meget spontant, at hun glædede sig til at blive gammel.

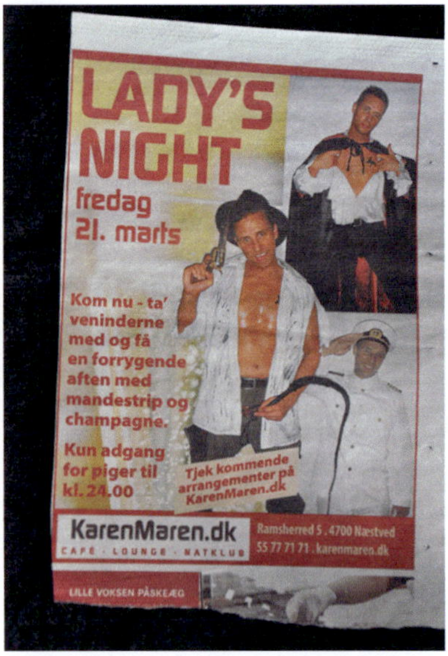

Jeg har en del andre historier, men jeg synes, jeg er kommet med en del af dem her, og jeg håber, du har glædet dig over dem eller har fået et smil frem over dem.

Kapitel 7
Hvad finder kvinder frækt, og hvad tænder de på?

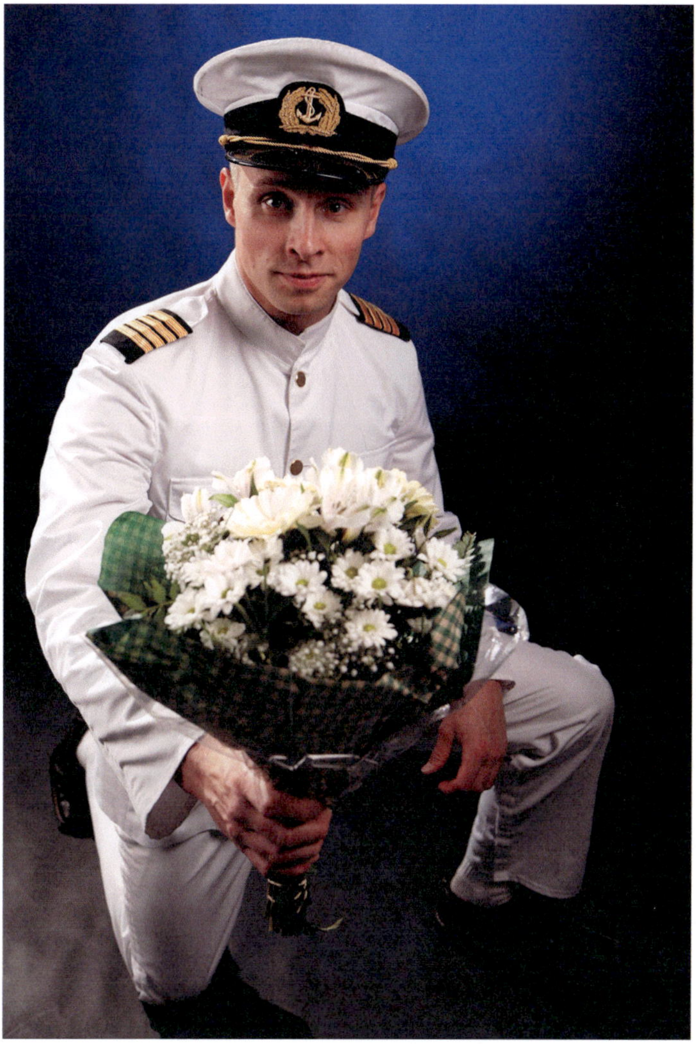

Jeg har her stillet nogle spørgsmål til en del af de kvindelige bekendte, jeg har, som jeg synes, det kunne være interessant at lade dig læse og få indsigt i. Ja, jeg ved, at kvinder er forskellige med hensyn til, hvad de tænder på og finder frækt. Jeg har stor respekt for de kvinder, der valgte at deltage, og siger mange tak til jer for jeres indsats, som jeg sætter stor pris på. En del af kunsten ved at strippe er netop at bruge charmen og få en kvinde til at føle sig værdsat på en helt speciel måde. Derfor har jeg lavet nogle spørgsmål, som jeg synes kunne og kan være til hjælp.

Jeg har valgt at stille forskellige kvinder de spørgsmål, som man kan se længere nede. Jeg har samtidig valgt at have en masse forskellige typer kvinder med i forskellige aldre, så det ikke er den samme type kvinde, og ja, der er mange forskellige typer og opfattelser. Men dette er kun for at give dig et indtryk og en hjælpende hånd på dette punkt. For hvis du som mand griber det rigtigt an, kan du give den kvinde, du vælger, en god og berigende oplevelse.

Husk, vi kan alle lide at blive forkælet og få opmærksomhed, og det gælder i alle situationer. Om det er første gang, vi møder et andet menneske, eller om det er over en middag, til en fest eller i andre situationer, hvor der er mennesker til stede, så kan alle godt nyde at være den, som er i centrum, og dette gælder også, når du vælger at strippe for en. Og husk, den kvinde, du gør det for, kan også lide det, så giv hende den oplevelse.

De kvinder, jeg har spurgt, har været i forskellige aldre, alt fra 18 år til 50, så det er en bred blanding, og der er mange forskellige typer af kvinder, som alle har deres mening om mine spørgsmål. Nogle af dem kunne lide tanken om en mand, der stripper, og andre sagde, at det var ikke lige dem.

Hvad synes du er frækt ved en mand?

Hvilke dele af en mand synes du fanger, lige når du ser ham første gang?

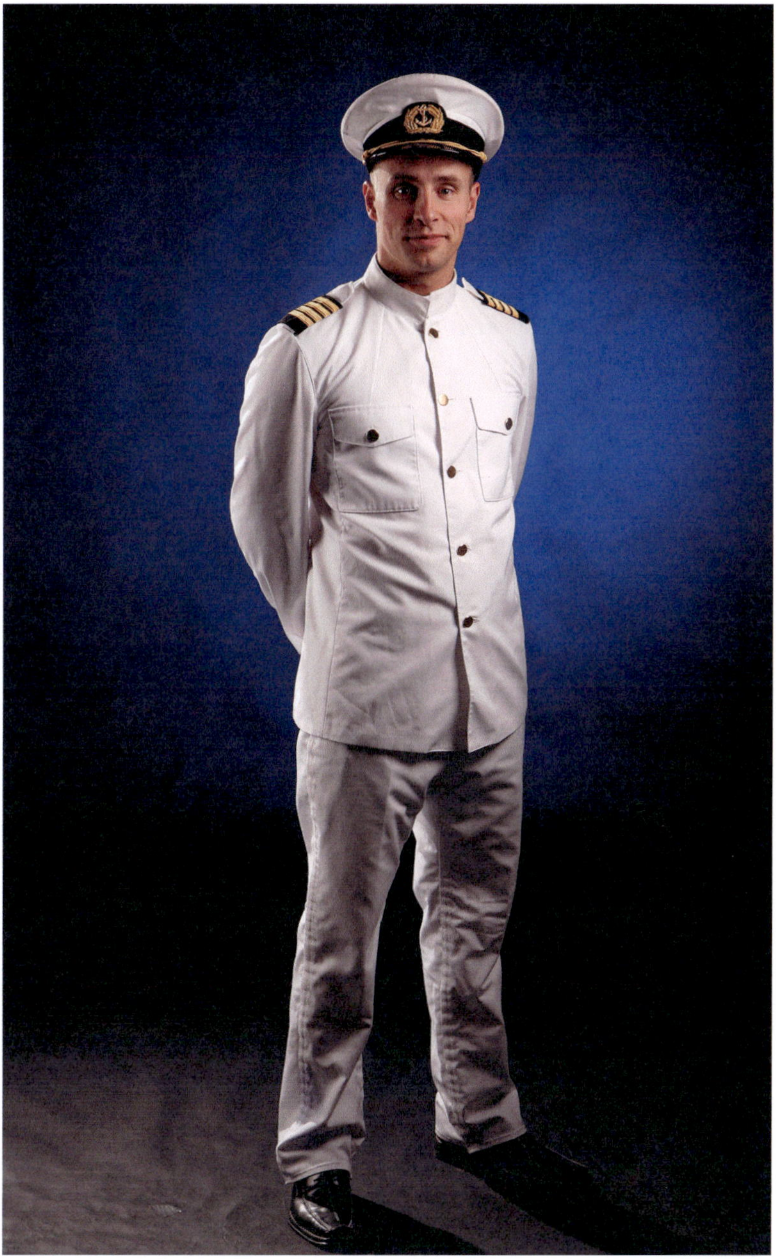

Hvordan kan man være en sexy mand uden at røre ved dig?
Hvilke dele af mand finder du mest sexy?
Kan en berøring være nok til at vække noget i dig (ikke et intimt sted)?
Hvordan kan du godt lide at blive overrasket?
Hvilken fantasi ville du helst se en mand strippe som?
Hvad får dig til at miste fokus på en mand? Hvad skal han gøre eller sige?
Hvis en mand skal aflevere en gave eller blomster, hvordan synes du så, det kunne blive lidt mere interessant for dig, hvis det var muligt?
Hvordan kan en mand forføre dig og få dig til at have det godt i hans selskab?

Her er svarene på mine spørgsmål, som jeg stillede til Christine:
Hvad synes du er frækt ved en mand?
Det frække ved en mand er i første omgang hele hans udstråling/attitude. Det er også det første, man lægger mærke til, indtil de små detaljer dukker frem – for mig personlig har øjnene en vigtig rolle at spille. Når det så er sagt, kan man som kvinde ikke undgå at kigge efter de "mindre" ting. Hænder, øjne, smil og charme er, hvad jeg finder mest attraktivt ved en mand.

Hvilke dele af en mand synes du fanger, lige når du ser ham første gang?
Mest sexy ved en mand er hænder, røv og øjne.

Hvordan kan man være en sexy mand uden at røre ved dig?
Man kan som mand være sexy uden at røre en ved at sende et par flirtende øjne og et kækt smil. Det viser også, at han er interesseret i at få kvinden.

Hvilke dele af en mand finder du mest sexy?

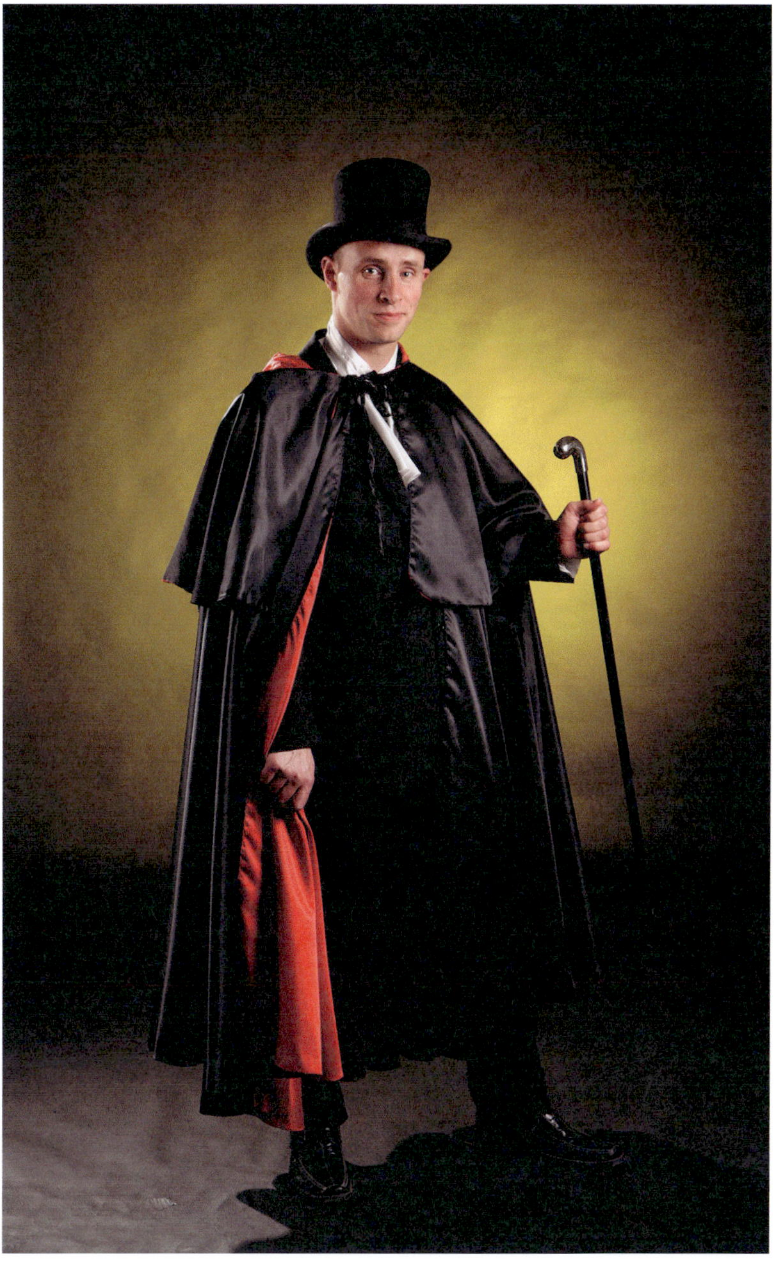

Mest sexy ved en mand er hænder, røv og øjne.

Kan en berøring være nok til at vække noget i dig (ikke et intim sted)?

Det afhænger af, om man er interesseret i personen. Hvis man ikke er tiltrukket af ham, kan en berøring ikke vække noget, men hvis man er, kan en berøring fx på kinden være nok.

Hvordan kan du godt lide at blive overrasket?

Kan godt lide at blive overrasket med fx en god middag, hvor man kan se, han virkelig har gjort noget ud af det eller tændt stearinlys overalt for at skabe en god og hyggelig stemning.

Hvilken fantasi ville du helst ser en mand strippe som?

Det frækkeste strip, man kan få fra en mand, er, når det er spontant for kvinden, men evt. noget, som han har planlagt.

Hvad får dig til at miste fokus på en mand? Hvad skal han gøre eller sige?

Hvis han er arrogant eller nedværdigende mod en, så mister man hurtigt fokus. Hvis man danner par med en, kan det være, at han forventer, at kvinden gør alt, og aldrig sætter pris på ting, man gør for ham.

Hvis en mand skal aflevere en gave eller blomster, hvordan synes du så, det kunne blive lidt mere interessant for dig, hvis det var muligt?

Det kunne være, man fx lavede noget sammen, og man pludselig fik blomster og nogle søde ord med på vejen. I stedet for at man som altid bare får evt. noget og et kys, og det er så det.

Hvordan kan en mand forføre dig og få dig til at have det godt i hans selskab?

Han skal være humoristisk og hvile godt i sig selv; en mand, der udstråler for megen usikkerhed, er ikke noget for mig. Han skal kunne få mig til at smile og grine, føle mig godt tilpas – først da kan han forføre ved fx at vise, at han er meget interesseret, ved at spørger ind til en. Kærtegn er også vigtige.

Her er svaret på mine spørgsmål, som jeg stillede til Liselott, og hun ville gerne have et ekstra spørgsmål, så det fik hun.

Hvad synes du er frækt ved en mand?

Den måde, han klæder sig på og opfører sig. Hele mennesket.

Hvilke dele af en mand synes du fanger, lige når du ser ham første gang?

Hans øjne er det, jeg fanges af først; de afspejler for mig en masse.

Hvordan kan man være en sexy mand uden at røre ved dig?

Et blik, en gestus, gentleman.

Hvilke dele af en mand finder du mest sexy?

Hans mund.

Kan en berøring være nok til at vække noget i dig (ikke et intim sted)?

Helt sikkert. Den rigtige mand tænder gnister ved den blotte berøring, uanset hvor det er.

Hvordan kan du godt lide at blive overrasket?

En spontan skovtur, at komme hjem efter arbejde, og han fx har dækket op på gulvet med lidt lækkert.

Hvilken fantasi ville du helst se en mand strippe som?

En mand i uniform tager altid kegler, det være sig en pilot, en brandmand etc.

Hvad får dig til at miste fokus på en mand? Hvad skal han gøre eller sige?

At prutte, bøvse, smaske er meget ucharmerende.

Hvis en mand skal aflevere en gave eller blomster, hvordan synes du så, det kunne blive lidt mere interessant for dig, hvis det var muligt?

Som en overraskelse en dag, hvor man ikke forventer det.

Hvordan kan en mand forføre dig og få dig til at have det godt i hans selskab?

At være MAND, bestille bord et sted, han har udset, at han har bestilt det bedste, ugenerte bord i lokalet og har aftalt mad og drikkevarer med personalet for at give mig en smagsoplevelse og god hygge.

Hvad er det værste, han kan gøre, så du ikke bliver forført?

Lade mig om bestillingen og hele tiden, når jeg spørger, hvad han vil have, sige: "Det ved jeg ikke, hvad vil du have?"

Her er svarene på mine spørgsmål, som jeg stillede til Susan.

Hvad synes du er frækt ved en mand?

Helt ærligt synes jeg ikke, der er noget specielt frækt over en mand.

Hvilke dele af en mand synes du fanger, lige når du ser ham første gang?

Hans øjne – man kan se meget i øjnene.

Hvordan kan man være en sexy mand uden at røre ved dig?
Et blik – ja, øjnene betyder meget for mig.

Hvilke dele af mand finder du mest sexy?
Hvis ikke jeg skal sige øjnene igen, så må det være hænderne. Det skal bestemt ikke være bløde kontorhænder.

Kan en berøring være nok til at vække noget i dig (ikke et intim sted)?
Det kan den bestemt – en arm om skuldrene, et strøg over håret eller kinden og et blidt kys (ikke nødvendigvis på munden).

Hvordan kan du godt lide at blive overrasket?
Et kys i nakken, et strejf over kinden, en blomst.

Hvilken fantasi ville du helst se en mand strippe som?
Jeg er nok røvkedelig, men den slags kan slet ikke tænde mig.

Hvad får dig til at miste fokus på en mand? Hvad skal han gøre eller sige?
Vulgær opførsel, grove tilnærmelser og ord.

Hvis en mand skal aflevere en gave eller blomster, hvordan synes du så, det kunne blive lidt mere interessant for dig, hvis det var muligt?
Det kunne være sjovt, at han holdt mig for øjnene og førte mig hen, hvor gaven var, og fjernede hænderne fra mine øjne – det har jeg aldrig prøvet.

Hvordan kan en mand forføre dig og få dig til at have det godt i hans selskab?
Ved at invitere mig ud, ikke nødvendigvis på middag, men bare til en gåtur. Ved at holde mig i hånden – og vigtigst af alt: ved at kunne være tavs sammen med mig.

Her er svarene på mine spørgsmål, som jeg stillede til Camilla.

Hvad synes du er frækt ved en mand?

Hans smil. Der er ikke noget bedre end at kunne se en fyr smile sødt, frækt eller kærligt.

Hvilke dele af en mand synes du fanger, lige når du ser ham første gang?

Hans udstråling. Det er helheden, jeg ser først.

Hvordan kan man være en sexy mand uden at røre ved dig?

Ved at hvile i sig selv og have interesser.

Hvilke dele af mand finder du mest sexy?

Hænderne og overkroppen.

Kan en berøring være nok til at vække noget i dig (ikke et intimt sted)?

Helt bestemt! Nogle gange mere end de direkte steder. Ophidselsen går gennem hjertet. I hvert fald hos mig.

Hvordan kan du godt lide at blive overrasket?

Ved, at han gør noget, jeg umiddelbart ikke forventer, eller som normalt ikke er ham, men gør det, fordi han ved, at det betyder meget for mig. Det er bestemt ikke størrelsen af overraskelsen, men mere tanken bag den.

Hvilken fantasi ville du helst se en mand strippe som?

No idea.

Hvad får dig til at miste fokus på en mand? Hvad skal han gøre eller sige?

Hvis han bliver for påtrængende på den dårlige måde. Siger en masse lort eller virker for desperat.

Hvis en mand skal aflevere en gave eller blomster, hvordan synes du så, det kunne blive lidt mere interessant for dig, hvis det var muligt?

Ved ikke helt.

Hvordan kan en mand forføre dig og få dig til at have det godt i hans selskab?

Ved at have humor og være sig selv. Ikke lave en masse kunstigt for at imponere mig; det skal bare være ægte.

Her er svarene på mine spørgsmål, som jeg stillede til en kvinde, der ønsker at være anonym. Det er helt fint med mig, og her kommer hendes dejlige svar.

Hvad synes du er frækt ved en mand?

Det er nu lidt overfladisk, men hvis en mand går i jakkesæt (og føler sig godt tilpas i det) er jeg solgt på stedet. Der er (næsten) intet, der er mere frækt end det.

Hvilke dele af en mand synes du fanger, lige når du ser ham første gang?

Hmm.. Det må være hans udstråling. Jeg går ikke efter udseendet, men mere efter, om han er selvsikker, moden osv. Og så om han har et sødt smil.

Hvordan kan man være en sexy mand uden at røre ved dig?

Ærligt talt så ved jeg det ikke. Jeg har nogle ting med i bagagen, der gør, at jeg ikke har noget særlig godt forhold til sex og det at være intim med en anden end mig selv, og ikke engang der går det særlig godt. Men jeg øver mig, og det går da fremad lige så stille og roligt. Men det kræver, at jeg først og fremmest er 100 % tryg ved den person, jeg skal være sammen med.

Hvilke dele af en mand finder du mest sexy?

Først ville jeg skrive, at jeg ikke vidste det, men når jeg nu tænker nærmere over det, er jeg kommet frem til, at det må være hans smil. Det må gerne være lidt frækt, sensuelt. Gerne det, som en bedstemor ville kalde for et gavtyvesmil. Og hvis øjnene så stråler samtidig, er jeg fuldstændig væk.

Kan en berøring være nok til at vække noget i dig (ikke et intim sted)?

Det kommer an på, hvordan du mener spørgsmålet. Et forsigtigt, kærligt strøg over underarmen eller et pust i nakken kan sagtens vække noget i mig. Det behøver ikke altid at være seksuelt, men bare følelsen af tryghed og kærlighed.

Hvordan kan du godt lide at blive overrasket?

På dette punkt fik jeg ikke noget svar.

Hvilken fantasi ville du helst se en mand strippe som?

Kan jeg ikke svare på.

Hvad får dig til at miste fokus på en mand? Hvad skal han gøre eller sige?

Jeg kan blive godt irriteret og miste fokus, hvis en mand er alt for usikker på sig selv og på sine handlinger. Tro lidt mere på dig selv, og du vil have mig med. Man behøver absolut ikke at være en machomand, men en mand, der altid undskylder for selv de mindste og mest ubetydelige ting, kan godt nok tænde mig af.

Hvis en mand skal aflevere en gave eller blomster, hvordan synes du så, det kunne blive lidt mere interessant for dig, hvis det var muligt?

Nu er jeg personligt i et forhold, hvor jeg efterhånden er på fornavn med buddet fra den lokale blomsterhandel, og jeg synes faktisk, at det er lidt dejligt, at der kommer en anden person med noget til mig. Kæresten er sømand og derfor væk i lang tid ad gangen, og derfor vækker det lidt i mig, når der kommer en buket blomster, da det er en af de eneste måder, han kan gøre noget fysisk for mig, når han er væk.

Hvis jeg er træt og ked af, at han er væk, forsvinder alle de tanker med en buket blomster. Det lyder bare så simpelt, og det er det måske også. Bare ikke for mig.

Hvordan kan en mand forføre dig og få dig til at have det godt i hans selskab?

Hvis en mand skal forføre mig, skal han nok indeholde en del af alt det ovennævnte. Han skal være kærlig, få mig til at føle mig som the only girl in the world, vise sine følelser og ikke være kold, som mange mænd desværre er. Han skal være galant og velklædt. Være en pæn mand til hverdag, men et vilddyr til fest (det sagde jeg ikke!!!) Han skal bare være tro mod mig, og så kommer resten nok af sig selv.

Her er svarene på mine spørgsmål, som jeg stillede til Grethe.

Hvad synes du er frækt ved en mand?

En god røv, flotte øjne, tusser.

Hvilke dele af en mand synes du fanger, lige når du ser ham første gang?

Øjnene, smilet og kroppen.

Hvordan kan man være en sexy mand uden at røre ved dig?

Duft, udstråling.

Hvilke dele af mand finder du mest sexy?

Røven og pikken.

Kan en berøring være nok til at vække noget i dig (ikke et intim sted)?

Ja, bestemt, kys på halsen.

Hvordan kan du godt lide at blive overrasket?
Frække sms'er, at han tager styringen.

Hvilken fantasi ville du helst se en mand strippe som?
I uniform (politi eller militær).

Hvad får dig til at miste fokus på en mand? Hvad skal han gøre eller sige?
Lyve eller være utro.

Hvis en mand skal aflevere en gave eller blomster, hvordan synes du så, det kunne blive lidt mere interessant for dig, hvis det var muligt?
Over for mig, meget forførende/ flirtende.

Hvordan kan en mand forføre dig og få dig til at have det godt i hans selskab?
Tage styringen, kys, udforskende fingre.

Her er svarene på mine spørgsmål, som jeg stillede til Pia.
Hvad synes du er frækt ved en mand?
Jeg tror, det er en kombination af mange ting, der er frække ved en mand. Han skal ikke bare se godt ud eller være velbygget; der skal være noget i den måde, han kigger på en på. Det, han siger, må gerne have en ekstra glød, både i måden, det siges på, og hvad han siger.

Hvilke dele af en mand synes du fanger, lige når du ser ham første gang?
Tror, det er hans ansigt.

Hvordan kan man være en sexy mand uden at røre ved dig?

En mand kan være sexy ved den måde, han opfører sig på. Den måde, han siger og gør ting på. Der er små, hemmelige budskaber uden at sige det direkte.

Hvilke dele af en mand finder du mest sexy?
Jeg synes, at mandens hænder er mest sexede.

Kan en berøring være nok til at vække noget i dig (ikke et intim sted)?
Åh, ja ...... der er helt klart steder, han kan røre og vække alt muligt godt i mig.

Hvordan kan du godt lide at blive overrasket?
Børnefri. Voksentid ude af huset. Hænder på kroppen, og gerne ikke intime steder.

Hvilken fantasi ville du helst se en mand strippe som?
Synes ikke, strippende mænd er lækre.

Hvad får dig til at miste fokus på en mand? Hvad skal han gøre eller sige?
Ensformighed.

Hvis en mand skal aflevere en gave eller blomster, hvordan synes du så, det kunne blive lidt mere interessant for dig, hvis det var muligt?
Hvis jeg er selv uden barn. Vi evt. ikke er hjemme, og vi har mulighed for at være sammen uforstyrret uden elektriske medier. Så vi kan fokusere på hinanden. Men en buket blomster er altid rart sammen med et kys.

Hvordan kan en mand forføre dig og få dig til at have det godt i hans selskab?

Haha. Her kan jeg så godt være lidt utraditionel, da jeg godt kan lide det hårdt. Tænder vi på hinanden og kender hinanden, kan et vildt overfald med lidt "tvangssex" altid være godt. Ellers skal han bare nusse spidserne i mit hår, kradse mig let mellem skulderbladene og nakken ... grrrr ...

Her er svarene på mine spørgsmål, som jeg stillede til Maria.

Hvad synes du er frækt ved en mand?

Øjnene er vigtige for mig. De skal udstråle varme og være intense, så man bliver draget af dem.

Hvilke dele af en mand synes du fanger, lige når du ser ham første gang?

Igen er øjnene og hænderne det mest sexede ved en mand.

Hvordan kan man være en sexy mand uden at røre ved dig?

De skal udstråle varme og være intense, så man bliver draget af dem.

Hvilke dele af en mand finde du mest sexy?

Igen er øjnene og hænderne det mest sexede ved en mand.

Kan en berøring være nok til at vække noget i dig (ikke et intim sted)?

Jeg kan lide at blive nusset i nakken, at blive aet på hænderne og et specielt sted bag knæene.

Hvordan kan du godt lide at blive overrasket?

Jeg synes, at overraskelser er skønne – så længe det ikke er surprise parties! Det kan være alt fra en hjemmeplukket buket blomster til en spontan middag i byen. Et badekar med duftende olier, der venter efter en lang arbejdsdag, eller en DVD-aften på sofaen med en film, vi ikke nåede at se i biografen.

Hvilken fantasi ville du helst se en mand strippe som?
Min kæreste arbejder inden for det italienske militærpoliti og er mega hot i hans uniform – så en uniformsstrip er perfekt!

Hvad får dig til at miste fokus på en mand? Hvad skal han gøre eller sige?
Mænd skal være ærlige. Jeg hader uoprigtighed og vil hellere have sandheden. Jalousi er ok – men jeg skal ikke kontrolleres og vil heller ikke aflægge rapport.

Hvis en mand skal aflevere en gave eller blomster, hvordan synes du så, det kunne blive lidt mere interessant for dig, hvis det var muligt?
Jeg holder af vilde blomster – det, andre ville kalde ukrudt. En buket plukket på en mark eller i en grøftekant gør mega stor glæde hos mig.

Hvordan kan en mand forføre dig og få dig til at have det godt i hans selskab?
Gaver kommer fra hjertet. Det behøver ikke at være en dyr ting – det kan sagtens være en bog, jeg gerne vil læse, som pludselig ligger på mit natbord.
For at en mand kan forføre mig, skal jeg kende ham. Jeg skal tænde på ham og mærke, at han tænder på mig. Der skal være gnister i luften, han skal kigge intenst på mig og uden ord sige alt med øjnene.
Han skal kunne få mig til at grine – MEGET – være intelligent, kunne lade sin mobil ligge i lommen i stedet for at tjekke beskeder og svare, mens vi er sammen, fx på en restaurant.

Her er svarene på mine spørgsmål, som jeg stillede til Karina.
Hvad synes du er frækt ved en mand?
Hans hjerne. Men det kræver jo, at jeg kender ham rigtig godt

og han mig, fordi der også med hjernen hører tillid til, deling af intime detaljer af livet, drømme, håb osv., som deling af intime detaljer, som tænder os begge, og som vi kan bygge videre på.

Hvilke dele af en mand synes du fanger, lige når du ser ham første gang?

Det afhænger af, om det er en ukendt mand, jeg ikke kommer til at kende, så skal der ikke så meget til, men udstrålingen, måden at bevæge sig på, et smil, et glimt i øjet, eller blot og bart en god røv. Men skal han fange min interesse mere end blot et kig på en god røv og et frækt smil – så må der hjerne til og en samtale af den slags, som ikke rigtigt stopper igen, men fortsætter videre dag efter dag og fanger mig og ham.

Hvordan kan man være en sexy mand uden at røre ved dig?

Ved at være sig selv, ikke have de store behov for at bevise noget for nogen, hvile i sig selv … og kunne føre en samtale om sine interesser, uden at det bliver en monolog, men hvor han gør det, som interesserer ham, levende for en, så man lytter og spørger, men også selv får mulighed for at tale. Og så have nogle ting, man kan være interesseret i sammen og hver for sig, uden nødvendigvis at være enige eller gøre det på samme tid og på samme måde – det skulle helst ikke udvikle sig til fælles campinghabit og synkronliving.

Hvilke dele af mand finder du mest sexy?

Så absolut hjernen. At få lov til at blive lukket ind i en mands tankeunivers er sexy. Og så blikke og hænder … Og resten af ham.

Kan en berøring være nok til at vække noget i dig (ikke et intimt sted)?

Ja, fx hans hånd blidt lagt om min nakke, når vi vasker op, så bliver jeg blød og varm indeni.

Hvordan kan du godt lide at blive overrasket?

Det er der mange måder, jeg godt kan lide. Mange små overraskelser dagligt, om det så "bare" er kys eller kærtegn, når jeg lige er optaget af noget, at han deler af sin dag, har et par gode specialøl med hjem osv.

Hvilken fantasi ville du helst se en mand strippe som?

Min kæreste.

Hvad får dig til at miste fokus på en mand? Hvad skal han gøre eller sige?

Som i at miste interessen? At han er for krævende, for usikker på sig selv, bruger mig og eller andre som krykker til at stive et dårligt selvværd af ved at ydmyge og nedgøre mig/andre.

Eller at han får mig til at miste fokus på det, jeg har gang i, fordi han gør mig blød i knæene og hjernen med noget, han gør? For der skal så ikke så meget til, en hånd i nakken og så et kys efterfulgt af det der blik, så er jeg solgt til stanglakrids ... og min kæreste ved godt hvornår, han har luret mig.

Hvis en mand skal aflevere en gave eller blomster, hvordan synes du så, det kunne blive lidt mere interessant for dig, hvis det var muligt?

At det er uventet. Så er det sådan set uden betydning, om det er en fantastisk flaske rødvin, han har med hjem, en chokoladekalender eller en invitation på en gourmetrestaurant. Jeg bryder mig ikke om pligtgaver og har det fx fint med at droppe hinandens julegaver, fordi vi tidligere på året havde investeret flere tusind i et nyt møbel til vores hjem.

Hvordan kan en mand forføre dig og få dig til at have det godt i hans selskab?

At han er sig selv, at han ikke har travlt med at nå noget, og ikke er stålsat på, at planen skal lykkes og målet indfries ... at der er plads til både at flække af grin og pjatte og blive alvorlige

Her er svarene på mine spørgsmål, som jeg stillede til Camilla.

Hvad synes du er frækt ved en mand?

Det kommer an på manden. Det kan være mange forskellige ting. Generelt er det selvfølgelig aldrig dårligt med et godt udseende, men en afbalanceret, maskulin attitude og adfærd kan også gøre meget i sig selv. Han må ikke være feminin, men heller ikke stereotypt over-maskulin. Intelligens finder jeg også meget tiltrækkende, og så er jeg som så mange andre kvinder desværre tiltrukket af komplicerede mænd. De skal ikke være for nemme, og der må gerne være et "mørke" i dem, så man fornemmer, at der vil være udfordringer forbundet med forholdet.

Hvilke dele af en mand synes du fanger, lige når du ser ham første gang?

Øjnene og hænderne.

Hvordan kan man være en sexy mand uden at røre ved dig?

Det kan man sagtens. Flirt igennem samtale og med øjnene kan være meget sexet.

Hvilke dele af mand finder du mest sexy?

Hans hjerne.

Kan en berøring være nok til at vække noget i dig (ikke et intimt sted)?

Ja. Jeg vil faktisk sige, at berøring på ikke-intime steder kan vække mere end berøring på intime steder.

Hvordan kan du godt lide at blive overrasket?

Med god mad, gerne hjemmelavet, med god vin ... Fælles oplevelser som f.eks. biograf eller teater. Hellere fælles oplevelser end gaver.

Hvilken fantasi ville du helst se en mand strippe som?
Jeg vil helst ikke se en mand strippe.

Hvad får dig til at miste fokus på en mand? Hvad skal han gøre eller sige?
Hvis han ikke lytter til mig, når jeg taler, og jeg fornemmer, han kun sidder og venter på selv at få lov til at tale. Hvis han går tæt på mine grænser allerede i starten af et forhold, hvor han endnu ikke kender dem – det kan f.eks. være ved upassende humor på min bekostning etc. .... Den slags kan få mig til at miste interessen for en mand i startfasen.

Hvis en mand skal aflevere en gave eller blomster, hvordan synes du så, det kunne blive lidt mere interessant for dig, hvis det var muligt?
Det er jo altid dejligt, hvis det er en overraskelse. Ellers så vil jeg sige, at hvis man afleverer en gave sammen med et par kærlige ord, eller man tydeligt mærker, gaven er forbundet med glæde for giveren, så bliver enhver gave bedre.

Hvordan kan en mand forføre dig og få dig til at have det godt i hans selskab?
Hvis han fortæller mig noget interessant om sine tanker og sit liv, som kan berige mig, og samtidig lytter til mig, når jeg fortæller. Hvis han ikke presser alt for meget på, men samtidig tydeligt viser, at han har lyst til mig. Og hvis jeg fornemmer, han har en stolthed ved sit liv og de ting, han gør, og også kan provokere mig lidt og få mig til at tænke på nye måder. Så er der en god chance for, at jeg kan finde ham forførende.

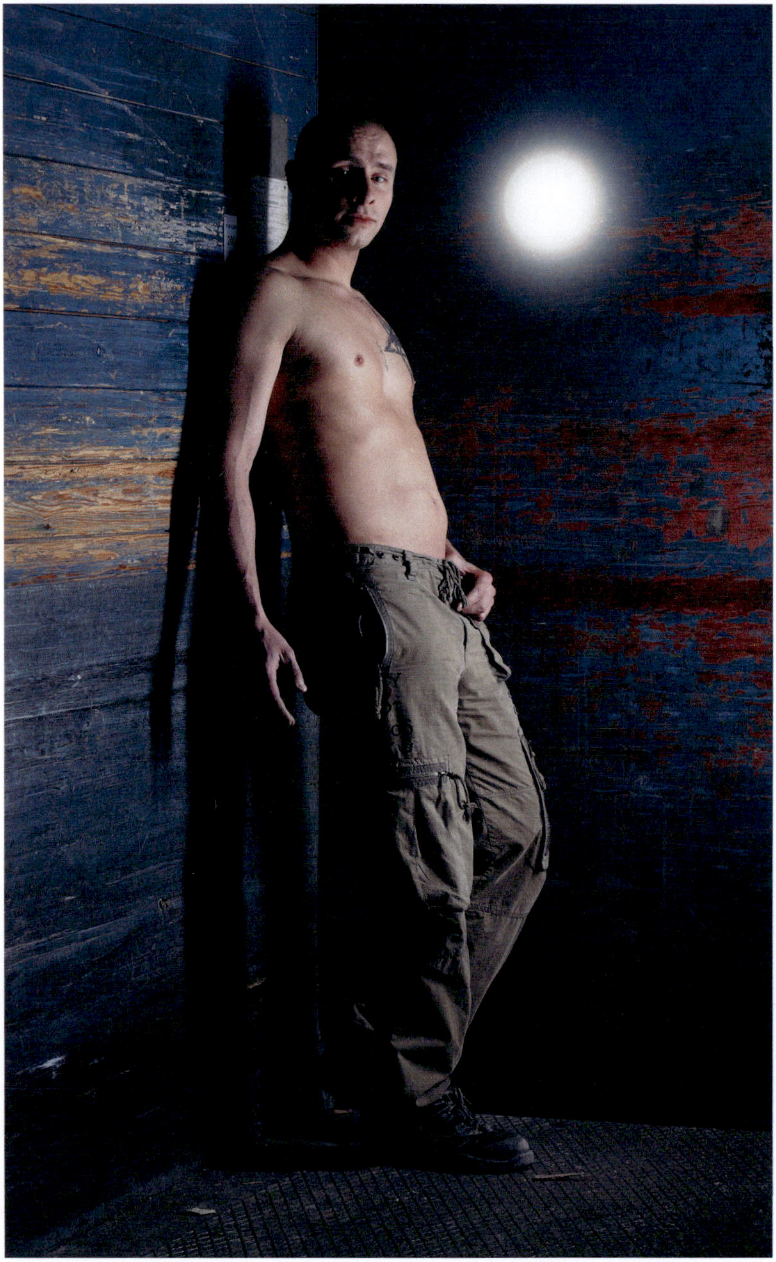

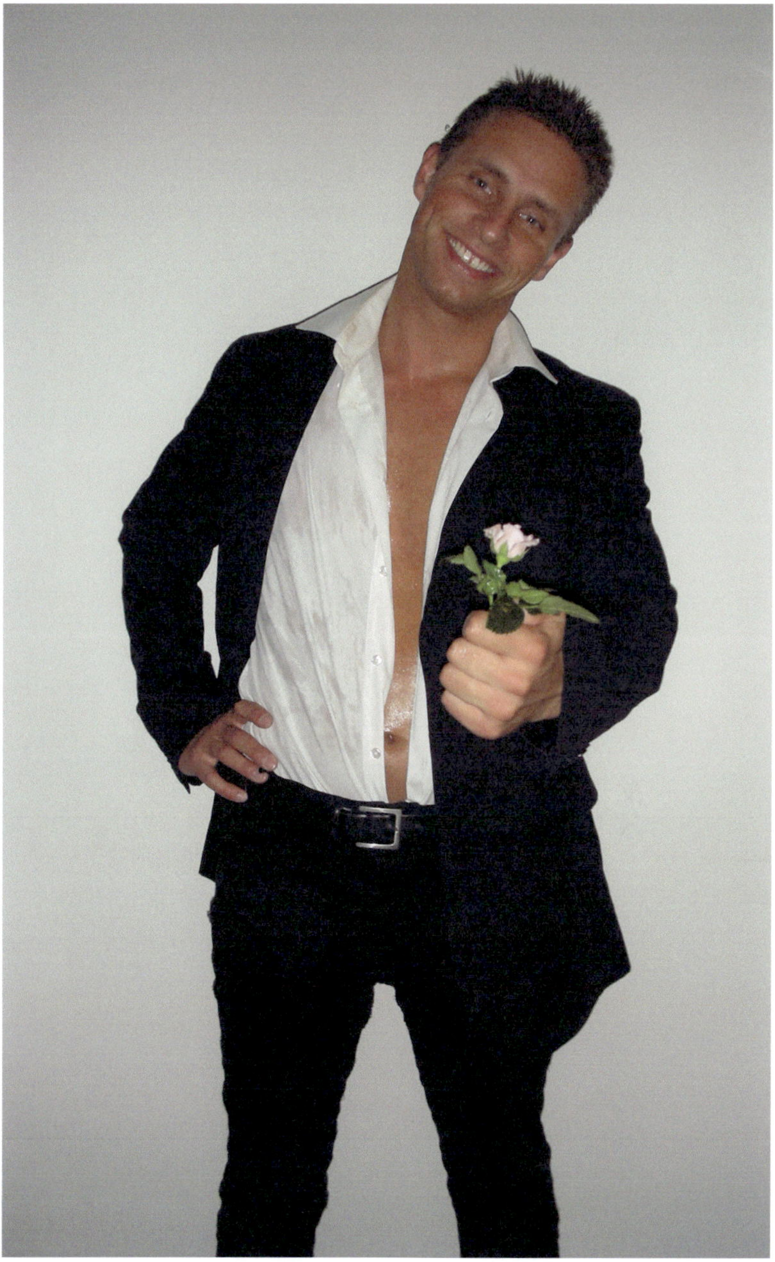

Takkeliste

Jeg vil rigtig gerne have lov at takke rigtig mange mennesker. Tak, fordi du er den, du er, og fordi du er det værd, at du er kommet til at være og blive en del af mit liv. Og husk, det er mig, der takker for de oplevelser, du har givet mig igennem tiden og igennem livet, for uden dig ville mit liv ikke være det samme, som det er nu. Ja, jeg sætter pris på rigtig mange mennesker; om det er kvinder eller mænd, så er du helt unik, og jeg er glad for, at jeg måtte møde dig der i livet, hvor vi mødtes. For det kan jeg kun sige tak.

Lennart Kill, Camilla Paaske Hjort Kiil, Mette Viktoria Pabst Andersen, Rasmus Brygger, Claus Agersbæk, Karen West, Carsten West, Martin Martensen-Larsen, Carsten Damgaard, Janice Soliman Heyde Hansen, Liss Dirksen, Anders Dirksen, HP Peter H. Gilmore, Blanche Barton og dr. Anton Szandor LaVey, Kåre Fog, Mie Harder, Liselott Blixt, Thomas V. S. Gyldborg, Thomas Vilhelm, Tom Mosen, Ditte Okman, Lasse Grosbøl, Lars Andersen bedre kendt som Lince Lars, Mikael Kaas, Bhabes Kaas, Nikitta Riber, Andreas Jensen Søe, Christine-Ulrika Blixt, Daniel Blixt Hansen, Allan Windekilde, Mette Windekilde, Camilla Rungager Nielsen, Sanne Brandt, Saliha Marie Fetteh, Kim Johansen, Malin Stridh, Mersiha Cokovic, Karina Laursen, Mae Sekhmet, Tine Jensen, Ole Riis Hansen, Susan Schwaner, Johannes-Sejr Nielsen, Christine Kock Larsen, Tanja Pødenphant Juhl, Maria Pelle, Jesper Vad Kristensen, Pia Struck, Vivi-Piin Sørensen, Carl Andersen fra Liberal Alliance og hans søster Ane Andersen, Alex Armani, Pia Kronborg Hansen, Lars Munk Sørensen, Andrew Swan, Kasper Sawicki Mikkelsen, Louisa Vinterberg, Maciej Lech Nowak, Kenneth Frisk, Gunnar Langemark, Carsten Suurland, Bjarne Sinkjær, Mads Carøe, Bjarne Salling Pedersen, Per Dolbak fra United MC og de andre drenge fra United MC, Henrik Vittermuhlen Gad fra Tårnby boghandel, Natalie Nielsen fra Jylland, John Crapper, Mohammed Hassan, Poul Bonde og Karin Bonde, samt til alle jer andre dejlige mennesker, som jeg er løbet ind i i mit liv. Desuden tak til alle, som har været med til at bidrage til denne bog. Du har været til stor hjælp, og ja, du ved, hvem du er.

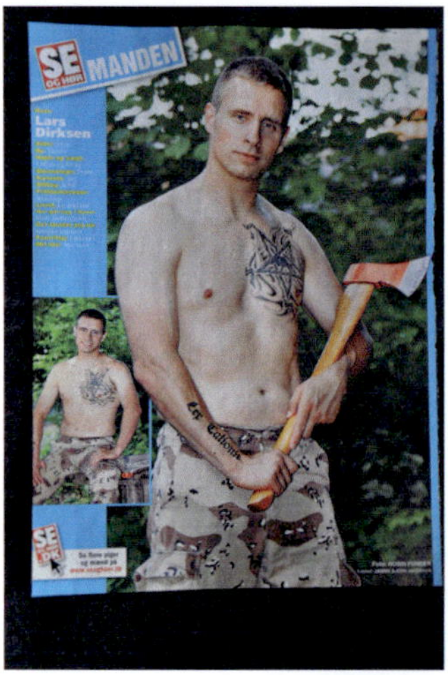

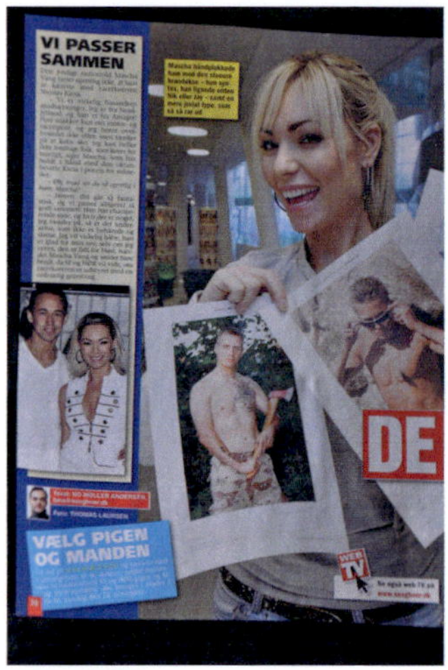

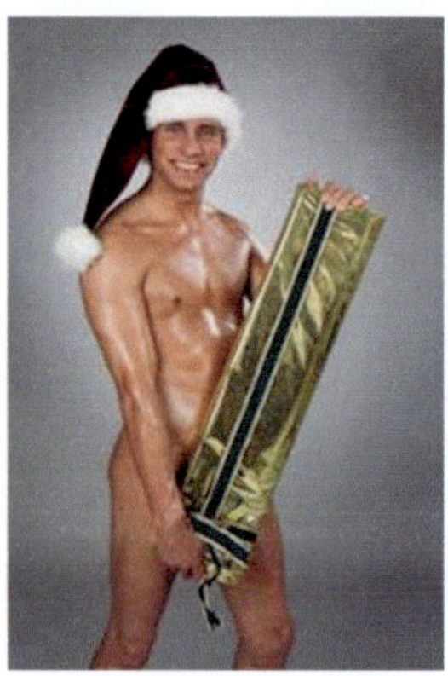